船舶的演进

Ships: and How They Sailed the Seven Seas (5000 B.C.—A.D.1935)

[美] 亨德里克·威廉·房龙◎著

焦晓菊◎译

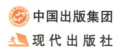

中国出版集团

现代出版社

图书在版编目（ＣＩＰ）数据

船舶的演进 /（美）房龙著；焦晓菊译 . -- 北京：
现代出版社，2016.3（2023.9 重印）
（房龙真知灼见系列）
ISBN 978-7-5143-4519-3

Ⅰ . ①船… Ⅱ . ①房… ②焦… Ⅲ . ①船舶技术—技
术史—世界—青少年读物 Ⅳ . ① U66-091

中国版本图书馆 CIP 数据核字 (2016) 第 024225 号

船舶的演进

著　　者	（美）亨德里克·威廉·房龙
译　　者	焦晓菊
责任编辑	周显亮　哈曼
出版发行	现代出版社
地　　址	北京市安定门外安华里 504 号
邮政编码	100011
电　　话	010-64267325　010-64245264（传真）
网　　址	www.1980xd.com
电子信箱	xiandai@vip.sina.com
印　　刷	永清县晔盛亚胶印有限公司
开　　本	700mm×1000mm　1/16
印　　张	10
版　　次	2016 年 4 月第 1 版
印　　次	2023 年 9 月第 5 次印刷
书　　号	ISBN 978-7-5143-4519-3
定　　价	58.00 元

目录

01 探索地球的船只

根据哥伦布的那三艘小船来判断中世纪末期的船只，这很不公平。

当然，每个人都知道，哥伦布是有史以来最伟大的发现者，因此差不多每个人都熟悉他那三艘船的名字："圣玛丽亚"号、"妮娜"号和"平塔"号。哥伦布是一个热那亚羊毛商的儿子，相当傲慢，他的同时代人不会像我们现在这样崇拜他。

他在获得成功之后的生活中，有喜欢跟自己接触到的任何人争吵的不幸倾向，他每次处于指挥位置上时的软弱、他的贪婪和一种神秘的虔诚行为（即使在那个时代的西班牙，人们也对他的疯狂感到惊讶）奇怪地融为一体——这一切结合起来，在那些有兴趣探索和开发新世纪的人眼中，他也是个非常可疑的冒险家。

因此，当西班牙的出资者最终让他拥有几艘船时，他们给他的船，就跟我们今天给一个充满渴望的年轻人的那一类飞机差不多——他非常确信，只要给他一次机会，他就能把它飞上天。我们忘记了这些有关哥伦布自身的细节，结果，我们喜欢用一种混杂着遗憾与轻蔑的态度看待

哥伦布抛锚停泊

哥伦布的同时代人，他们没有看出这个人的伟大之处，拒绝支持他，并且顽固坚持他们的错误观点，认为大地像薄煎饼一样平，因此认为这个热那亚人提出的探险计划注定会失败，注定是一场灾难。

但以这样的方式讨论，只能证明我们自己对当时即将结束的中世纪多么缺乏了解。到15世纪下半叶，在有知识的人们中间，已经很少有人继续相信世界是平的。当然，那时人们从小就告诉孩子大地像个帐篷，因此在那个世纪的五六十年代，普通人很难接受世界为椭圆形的新理论，也很难轻松地适应这种刚刚了解的新知识。就像我们大多数人很可能都对平行线可以相交总是感到怀疑一样——虽然我们都确信，爱因斯坦教授是个远比我们优秀的数学家，因此他的观点无疑是对的。

在一个热爱地理学和航海就如同我们现在热爱无线电和电
影的时代，哥伦布就不会有那么多恼人的失望遭遇。

　　在有关我们这颗行星形状的新理论方面，教会受到大量不公平的
评论。但那个时代的教会当局如果接受这些惊人的命题，就很容易发
现自己陷入各种窘境。那个时代充满尖刻的宗教论战。如果教会正式

宣布世界是圆的，中世纪的那种激烈争论就会立刻重现，其核心问题如下：如果大地是圆的，当耶稣基督第二次降临，建立他在人世间的王国时，处于我们这颗行星另一面的那些可怜人就无法看到他的降临，他们会怎么样？

不让已经平息的神学争论继续酣睡，这个策略要好得多，尤其是在已经爆发几十次公开反抗罗马当局的骚乱时。为了公平合理地对待相关各方，我们必须承认，在哥伦布多年徒劳无益地推进自己计划的过程中，唯一阻挠他获得成功的严重障碍就是他自己。否则，在一个热爱地理学和航海就如同我们现在热爱无线电和电影的时代，他就不会有那么多恼人的失望遭遇。

关于这个问题，这是我们经常忽视的另一个侧面。我们如此自豪地谈论现今大众获得的普遍教育，以至于我们倾向于忽略这样的事实：虽然在有些问题上，我们比15世纪的祖先了解得更多（大多数都是具有实用性的问题），但也有一些方面的知识，虽然当时几乎人所共知，现在我们大多数人对此却极其无知。

15世纪是整个人类历史上最令人兴奋的时代之一，从很多方面看，它都是开启一个全新时代的黎明。国与国之间古老的樊篱很快倒塌。一切拥有良好意愿和优雅智慧的人都属于那个文学艺术的王国，经过差不多10个世纪的忽视与衰退之后，它终于重振旗鼓。科学也不比艺术落后多少。很快，那个没有活力的法则——它从太古之初就阻碍着进步——就会让人们感觉到它从前的严酷。但有三代人能够把自己视为无可争议的创造核心，以及过去所有人类经验的继承者。

没有一个人类奋斗的领域能比地理学提供更广阔的冒险与思索空间，因为它包含了众多其他有趣的主题，仅举其中比较重要的为例，就有航海和天文学、立体几何与气象学，还有人类学。因此，每个公民都按照自己的趣味和知识范围，涉猎于这些令人愉快的主题之一，他们中有很多还在自己选择的领域内获得了相当大的成就。他们小心翼翼地追随葡萄牙王子"航海家亨利"在萨格里什附近那所私立大学做的事情，它是整个欧洲非官方的地理学学院。他们关注他派往几内亚海岸的探险队，了解他在亚述尔群岛殖民的所有努力。他有一位船长带回来的故事说，在撒哈拉沙漠的中央，有一条通往一座庞大都市的黄金河，他们想知道这里面有多少事实，想知道这是否就是阿拉伯旅行家伊本·巴图塔（Ibn Batuta）一个世纪之前写到的廷巴克图（Timbuktu）。他们研究那些让阿拉伯和犹太数学家们忙个不停的问题，将自己的数学仪器跟那些来自卢森堡和文森特角的做比较。由王

16世纪的航海仪器

子的地图绘制员佩德罗大师（Master Pedro）这样的专家绘制的地图成为无价之宝，富人会不惜重金购买。

简言之，用我们今天的话说，15世纪的欧洲人是十足的"地理头脑"，差不多任何怀着新想法的人，都肯定有知识丰富、如饥似渴的听众倾听其观点，而且还会赢得商人和王公贵族的热心合作，他们乐意也能够用自己的信任支持他。

例如，瓦斯科·达·伽马（Vasco da Gama）被派去寻找印度时，就率领着4艘专门为此而建造的新船。而麦哲伦在与自己的君主发生争吵后，也从安特卫普商人的一家公司那里获得自己需要的所有信任。但这两个人（以及我无法在此一一列举的其他人）都很实际，拥有丰富的航海经验，能够向他们的赞助者白纸黑字地说明自己到底希望实现什么目标，从中可获得多少利润；而哥伦布则沉湎于对可获财富做含含糊糊的笼统概括，无法说服任何人相信他。总体而言，他似乎是这个世界上最不可能委以如此重任的人。如果我们不带成见或偏见地看待这整个故事，似乎这些像多马一样疑心重重的人是对的。达·伽马和麦哲伦找到了他们预计会发现的东西，而哥伦布带回家的却是有关一个新大陆的若干可疑的故事，但不幸的是，它并非人人寻找的那个大陆。

这实在是绕了个大圈子，不过现在你会理解，尽管哥伦布的船或许是人类历史上最著名的船只，为何它们却不是15世纪最后10年造船技术的典范。

这三艘船中最大的是"圣玛丽亚"号，它长128英尺，宽25.71英

"圣玛丽亚"号是一艘普通的横帆船,最初是为弗兰德贸
易建造的。

尺，吨位100吨，可供52名船员使用。"平塔"号的大小只有它的一半，吨位50吨；"妮娜"号的吨位比"平塔"号少10吨，这两艘船都有18名船员，可以说他们是一群卑劣的无赖和杀手，是从西班牙南部的职业罪犯和帕洛斯贫民窟的渣滓中招募的。

不幸的是，这次航行"记录"得很差，我们对普通或高级船员每天的生活几乎一无所知。哥伦布回国后，就让公众把注意力集中到他占领这些新地区的华美仪式上（他甚至为此创造了一种新旗帜，即著名的绿十字旗），除了他发明来记录每天观察的复式日志系统（一个是给自己看的真实记录，另一个是为惊恐的船员伪造的记录）的少量细节，我们完全不了解船上的环境。

我们知道这些船自己的遭遇。"圣玛丽亚"号是一艘普通的横帆船，最初是为弗兰德贸易建造的。它属于一位名叫胡安·德·拉·科萨（Juan de la Cosa）的人，他曾是哥伦布前两次新大陆之旅的主要领航员。由于一个舵手粗心大意，哥伦布在圣多明各附近失去了这艘船，他利用他能够打捞出来的所有东西，在这里建了一座堡垒，这也是美洲的第一个西班牙定居点。哥伦布选择了大约40人作为驻军留在后面（再没人看到他们中任何人活下来），便坐着"妮娜"号返回欧洲了。开始新大陆之旅时，"妮娜"号是一艘轻快帆船，拥有三根挂着三角帆的小桅杆，但在途中被改成了横帆船。至于"平塔"号，也作为轻快帆船开始自己的航海生涯，但在这次旅行开始之前已经彻底检修，变成了一艘横帆船。在特内里费附近，它失去了一个船舵，但这个损害很小，很容易修理。

哥伦布发现新黄金之地的消息很快传开了。到那时为止，还没人看到来自那里的金子，但每个人都愿意相信，如果自己能够成功到达那片新土地，就会大发横财。很遗憾，就第一次大规模的美洲淘金热而言，我们对那些船上的内部安排知之甚少。不过西班牙人习惯于非常朴素的生活方式，此外，一般航行只需四个星期多点。通常前往新世界的船只先到马德拉群岛、加那利群岛和佛得角群岛，他们在那里给水桶装满水，并购买新鲜的肉类、蔬菜和奶酪（在这些天主教徒的船上，碰到斋戒日就用奶酪取代肉）。然后，船只顺着北赤道洋流航行，如果平安无事，就会在大约一个月后抵达西印度群岛。返回欧洲时，这些船则利用墨西哥湾流和西风漂流，它会把它们载到亚述尔群岛。除非迷失航向，在马尾藻海因无风而停航，否则整个航行并不困难。如若不然，像"妮娜"号和"平塔"号这样的小渔船永远不能在37天内从特内里费群岛赶到西印度群岛。

不久后，世界其他地区听说了这些新贸易路线，人们很乐意相信哥伦布的发现最后解决了欧洲跟印度和中国开展贸易的问题——欧洲跟印度及中国的贸易因为土耳其人而中断，他们占领君士坦丁堡，并关闭了西方经叙利亚和波斯与东方交流的古老陆上通道。但最初北欧国家实际上并未参与开发这些潜在的商业路线。这是他们能做的最聪明的选择，因为他们的船不是西班牙和葡萄牙船只的对手，这两个国家当时能够建造吨位达1000吨或更大的武装商船和轻快帆船，并用40或50门大炮武装它们，是木船时代真正的无畏舰。

然而，就像战争史上经常发生的那样，攻击手段很快就变得与防御手段不相上下，并且超越了后者，早在下一个世纪末之前，北海诸国就完全赶上了它们的南方竞争对手。然而，一开始——也就是说，

船上的桅楼

在16世纪的头50年——西班牙人和葡萄牙人，仍然是绝对的海上霸主，他们对自己的商业机密（通往印度和美洲的路线）守口如瓶，荷兰人和英国人差不多花了一个世纪，才了解到一些细节，包括必须绕过本格拉洋流，以及马达加斯加和莫桑比克之间那道海峡的危险性。

但北欧国家如此落后还有另一个原因。在西班牙和葡萄牙，海军造船厂只受中央政府控制。而在北方，却有若干互相嫉妒的舰队司令，他们集中在几个小城市里，似乎把合作视为一种要命的犯罪。最终，高度集权的西班牙政府体系也被自己的官僚作风扼杀。但在发现印度和美洲的最初两个世纪中，这个体系运转得很好。无数金银和东西方出产的各种产品源源不断地流入伊比利亚的保险箱，而英国与荷兰却像两个穷小子，没被邀请参加派对，只能站在外面眼巴巴地望着西班牙小孩儿在里面玩着弹珠和秘鲁金块。

北方那些喜欢争吵的孩子非常缓慢地学到教训，但直到亨利八世及其更强势的女儿伊丽莎白牢固地确立其作为整个英格兰和威尔士公认的专制者的地位，直到那七个被称为荷兰联邦的公国终于在一个共同的海军政策下联合起来，开始认识到击败敌人比官方场合哪些舰队司令属于同一等级的问题更重要，他们才开始获得真正的成功。

当英、荷终于做到这一点后，它们的造船厂很快就建造出足以应付任何西班牙船只或其他联合船队的大船，海军船舶设计师过着前所未有的幸福日子，因为现在他们终于能够随心所欲地实施自己最有挑战性的计划了。整个世界都属于他们。

亨利八世树立了典范。这位国王树立了很多典范，但这个却是好典范。他打算让自己的国家拥有世界上最大的军舰，或者说他以为的最大军舰。他的父亲亨利七世已经试验建造这样的船了，当时他利用一艘在1486年部分损毁的四桅老船"我主恩典"号的残骸，建了一艘"君王"号，载有30门大炮和3门蛇管炮——这种小炮口径只有1.5英寸，从桅顶发射。

儿子亨利八世凭借"大哈利"号（Great Harry；各国皇帝和教皇派出大使出席下水仪式，他们把它称为"Henri Grace à Dieu"）超过父亲。这艘船吨位超过1000吨，载有34门大炮和大量比较小的炮。"大哈利"号有4根桅杆以及在南方和北方使用的各种船帆。它的船首楼（真正航海内行称之为"fo'c'sle"而非"forecastle"）没有更古老的中世纪船只那么高，船尾楼差不多跟船腰甲板齐平。但船首演变成有规则的喙状，就像罗马人的老式船首撞角一样，船上有6个圆形炮塔，看起来非常像现代军舰上面为小口径大炮设的炮塔。这些圆

当英、荷终于做到这一点后，它们的造船厂很快就建造出足以应付任何西班牙船只或其他联合船队的大船，海军船舶设计师过着前所未有的幸福日子，因为现在他们终于能够随心所欲地实施自己最有挑战性的计划了。整个世界都属于他们。

形炮塔武装着蛇管炮。大炮则放在甲板下面的两个房间里，分成两层，一门炮就在另一门的正上方，后来抛弃了这种做法，而将上下两层的大炮交替排放，大大增强了群射的威力。大体上（因为，正如我前面所言，军舰的式样在细节方面就像女人的衣服那样飞快而频繁地改变），"大哈利"号成为接下来150年所有海军机械师模仿的典范。直到第一次英、荷大战爆发——当时这两个国家正在争夺西班牙和葡萄牙的战利品——造船厂才开始试验建造完全不同于中世纪商船的各种船只（它们是前者的直系后裔），这些船逐渐成为"漂浮的排炮"，并保持这种模式，直到20世纪。

大海中央的游艇"半月号"（1609年） ▲

如果你把亨利八世的"大哈利"号与他女儿伊丽莎白的"皇家方舟"号以及堂兄弟查理一世的"海上霸主"号（建于1637年）作个比较，很可能会跟我一样，认为任何在亨利的无畏舰上服务过的水手，都会在"皇家方舟"号和"海上霸主"号上面感觉很熟悉。后者的大炮或许更大，数量也更多，而且侧面的小炮塔消失了。但其喙形船首保留了下来，而在其他重要细节方面，"海上霸主"号跟"大哈利"号简直就是同时代的产物——虽然后者比前者建造的时间早120年。

有一个变化非常明显，就是蛇管炮从桅杆上消失了。人们发现它太危险，没有导火索就没法开炮，而导火索很容易引燃船帆或缆索。

此外，中世纪的紧密作战队形如今已逐渐被放弃，取而代之是一种新的战略，它更多地依赖于特定时间段能够发射的大炮炮弹重量，而非登上敌船。当下面非常需要人手时，浪费这么多人力在桅楼上就没什么意义了。因为更重的大炮至少每门需要9名水手照料，而加农炮的数量在飞速增加。

法国有一艘类似于"海上霸主"号的大船（因为现在每个国家都在建造自己的无畏舰，个个都希望比所有其他国家的无畏舰的威力更大），配备了72门大口径火炮，此后，军舰上的加农炮数量就不断增加，直到现代才缩减至仅仅13门。这些炮当然是体型庞大，拥有令人难以置信的威力。结果，现代海战可能只持续非常短的时间，但在以前，即使是在纳尔逊的时代，战舰都会一连几小时彼此发射大量炮弹，才会迫使对手屈服。因为那时群发的炮弹虽然能对索具造成严重破坏，却不会杀死多少人，而且大多数伤口都是炮弹的飞屑导致的，非常疼，却不会致命。在现代海战中，直接被一门大炮击中就足以立刻结束战斗。

这是一个广为人知的事实，因此现代的舰队司令完全修正了15、16和17世纪的前辈们奉行的战略。那时他们的战斗口号是："尽可能频繁地战斗，无情地追击敌人，一找到它就发动攻击，第二天早上继续攻击，直到你或他受到严重损坏，其中一方必须退出战斗。"现代的策略差不多完全相反。如今海军的座右铭似乎是："待在家里，除非绝对必要才出去迎敌。如果发生这种不可预料且非常遗憾的事情，那就尽可能小心，别让自己受到的损坏太严重。因为当政客们最终决定停战讲和时，他们需要海军完好无损，在和谈中，哪一方拥有的正

他们需要海军完好无损，哪一方拥有的正常船只数量最多，就将获得最大的优势。

常船只数量最多，就将获得最大的优势，即使它输掉战争，也会赢得和平。证明完毕。"

　　我们现在很快就会讲到南方国家的霸权屈服于北方国家的主动性和独创性的那一刻。该谈谈降临到无敌舰队身上的那场灾难了。但在介绍这个悲伤的主题之前，我应该用几行字概括当时比较小的船只的一般适航性。

当然，即便到现在，偶尔也有人仅仅驾驶单桅帆船跨越大海，而且对于有经验的人来说，这种船显然也差不到哪里去。但他们有海图、指南针和各种设备，还有罐头汤、罐头豆子和李子干等，就算遇到最糟的情况，也有数百个港口能让他们找到暂时的庇护所。然而，当德鲁克1577年开始他著名的环球航行时，他只有一艘船，并不比一个世纪之前的"圣玛丽亚"号大多少。尽管他把船的名字从平庸的"塘鹅"号改成更有诗意的"金鹿"号，却没有让这艘小船变得更大。它仍然跟以前一样，吨位100，三根桅杆，船员数量刚好只够操纵它。

幸运的是，伊丽莎白时代的英格兰不仅经济和政治取得巨大发展，而且每个人都多多少少地变得善于表达了。我指的不是莎士比亚和他的诗人同行，因为任何地方任何时候都会出现天才。但要在任何艺术或科学领域都达到很高的完美水准，却是一个值得特别关注的罕见现象。

出于某种神秘的原因，这位童贞女王的臣民（也包括女王陛下自己，她也是一位风格庄严的书信作家）差不多能像挥舞长剑一样敏捷地使用鹅毛笔。而且他们并不认为这有损尊严。说到这，我希望你们能注意到（因为这本书只是一份开胃小吃）世界交通史学会（Hakluyt Society）的出版物，它创立于1846年，以伊丽莎白女王时代著名的地理学作家理查德·哈克路特（Richard Hakluyt）的姓氏命名。

你很难一口气读完他们的150卷著作，这需要花上好几年时间。但每当你有几个小时的闲暇而又不能玩桥牌，阅读这些书就是一大快事。我让你们读这些作品还有另一个目的。哈克路特的《航海史》（*Voyages*）讲述了在这些古代船只上生活的很多细节，而我在这方面的描写只是点到为止。取出这些书中的任何一卷，在5～10分钟之内，你就会碰到一些偶然的细节，以最平铺直叙的方式描述了某些骇人听闻的事件（例如德雷克的一名高级船员在南美洲被处死的事情，既然我们刚好在说德雷克），如果发生在今天，需要成立半打皇家专门调查委员会去处理，但在当时却只是小事一桩，也是水手生活中的日常事务。

当然，我并非不知道16和17世纪的陆上生活是由迷人的十四行诗和民谣跟不可思议的肮脏、野蛮与残酷构成的奇特混合体，在当时的人视为十分正常的环境，会逼得一个敏感的现代人绝望到进疯人院。不过，在陆地上，统治者及其臣民的肮脏、野蛮和野兽般的残酷至少还有诗人和艺术家创造的大量美好艺术作品加以抵消，而在船上却只有赤裸裸的肮脏与残酷，没有任何客观因素使之缓和。

为了避免自己被指责为有偏见，我将举出当时的若干惩戒性规定为例，因为它们也在我自己的祖先船上执行。鞭打当然是家常便饭，不过作为一种技艺，鞭打到18世纪末才盛行起来。但即便到那时，水手也会因为在下令操纵桁帆后动作迟缓或从上面下来太迟而受鞭打。他们会因为使用亵渎神灵的语言、咒骂其他水手或未能保持货舱的整洁而挨鞭子。但在这些人眼中，鞭打只是小菜一碟，就相当于现代海军中被关了几天禁闭。所有船员，如果抽出刀子对付其他水手、让自

"不来梅号"差不多能够容纳整个西班牙舰队。

己的武器生锈或者触碰了装着船员饮水或葡萄酒的木桶，当此类行为出现3～4次时，他们就会受到普通的浸刑惩罚。稍后，当沃尔特·罗利爵士将吸烟的坏习惯传播到每支海军后，船员也会因为在日落后吸烟被抓住而遭受浸刑。当然，对待吸烟必须非常严格，因为船上发生火灾是最可怕的事情。

　　如果错误过于严重，单是浸刑还不足以惩戒，或者犯错者执迷不悟，就会被绑在龙骨底部受拖刑。拖刑有点复杂，用一根绳子绑住受罚者的手，另一根绑住他的脚。然后将绑脚的绳子从船的龙骨下穿过，再穿过一个桁端末尾的索滑轮。于是这个人就被吊在船外，拖到船的另一端上面。受过龙骨拖刑的人（窒息而死，或者被藤壶、生锈的铁钉和龙骨上的长钉严重撕裂，失血过多而死，此类情况并不罕见）就交给外科医生处理了，医生会用朗姆酒与水的混合物清洗他的伤口，然后他就只能听凭命运的安排，是康复还是死亡就取决于他的体格是否强壮了。

万一船员之间的争吵导致其中一人流血，就会用挑起争端者在争斗中使用的刀子把他的手钉到桅杆上。他不得不站在那里，直到他自己把刀子从伤口里拔出来，因为"惩戒性规则"明确禁止他的任何同伴帮他拔刀子。如果他不幸杀死了对手，那么就会把他跟对方的尸体绑在一起，扔出船去。

除此之外，船上另外还有一种死刑，即绞刑。被用作绞刑架的帆桁有时会一次吊着12个人。叛乱当然会受到绞刑的惩罚，怯懦也同样如此。在那样一个时代，人们总是在金钱上斤斤计较，同样，他们也总是习惯性地认为，对那些同时向多位船长登记应征的无赖（所有自愿加入海军的人可获得一笔奖金。通过多次登记，他们就可获得三倍或四倍于平常的奖金），任何惩罚都不算严厉。如果他们的这种行为被发现，就会不经过审判或其他形式的程序，直接绞死。

我认为，关于"那些漂亮的老帆船"上的生活，上面的描述足以让人大开眼界了。

我可以再加上一条奇怪的规定，这我在英国或荷兰海军中都没有发现。我已经提到过，法国舰队一直无法获得足够的水手。法国主要是个自给自足的国家，在文化和经济上都是如此，法国国王陛下的船只缺少水手，很可能该归结于一种幸运的环境，即很少有法国人因为

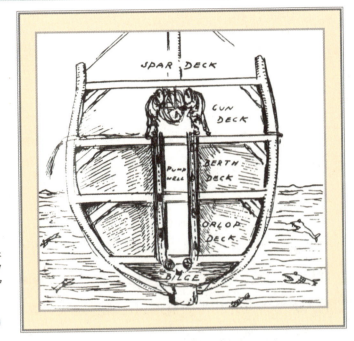

抽水机
（图中说明文字
自上而下依次为：轻甲
板、火炮甲板、泵井和
卧舱甲板、货舱甲板、
舱底）

贫穷而被驱赶到海上。严酷的海上法规盛行，也让法国人希望远离海军。如果研究一下大枢机主教黎塞留发布的一项特殊法令，就会非常准确地了解17世纪法国海军军舰上的条件。在法令中，这位枢机主教威胁说，任何水手，只要胆敢写信抱怨上级军官对待自己的方式，就会被吊死。

　　是的，这就是伟大的生活，这就是两三百年前的水手生活！如果你逃脱了遭受鞭刑、龙骨拖刑、浸刑或绞刑的命运，或者（如果你做的是远途航海）如果你没有死于坏血病、伤寒热、痢疾、疟疾、脚气病，你就可以期望老来过上以乞讨为生的美好生活，或者顶多栖身于济贫院。在伟大的路易王统治时期，内地一位热心助人的招兵军官向一个法国港口的海军当局写了一封天真的信，信里说：

阁下：

这是我许诺给你的100名志愿兵。如果你还需要几百名，我也可以为你弄到，不过请把那些手铐还给我。

在第一次世界大战期间，协约国的海军最终在一次强大的行动中联合起来，通过全面封锁，迫使饥饿的德国人投降。而在此之前，大型舰队威胁到世界和平的情形只出现过两次。第一次发生在公元415年，当时阿尔西比亚德斯（Alcibiades）指挥136艘三列桨战船离开雅典，前去征服西西里并控制地中海。结果一败涂地，舰队中大部分船只再也没能返回雅典，雅典的声望受到无法弥补的严重损害。

第二次重要得多，发生在公元1588年（苏格兰女王玛丽被处死的第二年），当时无敌舰队几度出发都不成功，后来才终于离开了刚被西班牙征服的里斯本港口。玛丽把英国王位遗赠给西班牙国王菲利普，为了维护应许给自己的王位，菲利普向伊丽莎白女王发动了战争。

建立一支庞大的舰队，庞大且实际上不可战胜的舰队，以此镇压荷兰的起义，消灭低地国家的新教，同时让已故的"血腥玛丽"（菲利普国王的第二任前妻）的臣民摆脱他们的非法君主，也就是亨利八世的私生女儿——这个想法并不新颖。西班牙朝廷已经把这个话题讨

风暴中飘摇的
船只。

论了差不多12年。菲利普知道这样做的危险。这是一个"va banque"
的游戏——也就是"决一死战"或"非胜即败"的游戏。但做事谨小
慎微、慢条斯理的菲利普国王力求万全。因此他以最仔细的方式，从
容不迫地为所有可能的不测做好了准备。

　　看到信奉异端的伊丽莎白继承英国王位已经够糟糕了。因为作为
西班牙国王之妻的同父异母的姐妹，她在菲利普向自己求婚时拒绝了
对方，使得这个没有吸引力的男人遭到挫败后大发雷霆。但低地国家
微不足道的少数农夫公开反抗他的统治让他更加震惊。当伊丽莎白与
低地国家的叛乱者联合起来后，毫无疑问，菲利普采取行动的时刻终
于到了。

起初西班牙计划在1587年让无敌舰队起航。但这时发生了一件不幸的事故，德雷克对加的斯城的袭击给西班牙舰队造成了如此严重的破坏，其出发时间不得不再推迟12个月。最终舰队于1588年5月18日离开里斯本，向北航行。

当时无敌舰队共有132艘船。其中4艘是大型的普通大划艇（把它们派到如此遥远的北方是一个错误，因为对它们来说，即使比斯开湾的海浪也太大了）、4艘三桅快帆船。另外还有94艘形形色色的船只，吨位从130至1550吨不等，而剩下的30艘船则是不到100吨的小船。几艘主舰的排水量共达59120吨（单是"不来梅"号就有51600

水手生活在一个
上下颠倒的世界里。

吨），配备了2761门口径大小不一的火炮。舰队共有船员7862名，船上还有一支包括20671名士兵的军队。

然而，所有这些船都不是来源于西班牙。差不多地中海的每个城市都为无敌舰队献出了自己的一份力量。因为现在经由开普敦前往印度的新航线以及欧洲与新大陆飞速发展的贸易关系将地中海变成一个在商业上停滞不前的地区，许多意大利船只都闲置在港口中，这完全是无利可图的投资。而现在有机会把它们租出去大赚一笔了。一旦英格兰与荷兰受西班牙国王支配，热那亚、威尼斯、杜拉斯和所有其他城市都希望从中分一杯羹，补偿此前的多个歉收年。

结果却是另一个样子，而无敌舰队的灾难则给了地中海沿岸那些逐渐衰退的商业城市最后一击。因为这支舰队中只有少数船只返回。

但把这个计划的彻底破灭完全归罪于可怜的西班牙舰队司令是不公平的。这个贵族地位很高，此前却没有指挥海军的经验，从一开始就声明自己完全不适合这份工作。即使最高指挥权留给最先任命的舰队司令圣克鲁兹侯爵（其时他已经离开人世），结果也不会改变。因为我们必须记住——这是一个非常重要的因素——当无敌舰队离开里斯本港口时，它并不是一支装配齐全的舰队，而只具备基本构架。舰队没有领航员了解英吉利海峡和北海那些险恶的沙洲。舰队也没有地图，缺乏供给以及备用的枪炮、船帆、桅杆和其他所有战争必需品。因为所有这些物品（包括领航员和海图）本来都应该在舰队主力抵达法国北部的敦刻尔克时送到船上来，那里聚集着一支庞大的雇佣军，受帕尔马公爵指挥。

　　无敌舰队计划将这些后备部队中的一部分带到船上，然后为其余乘坐法国和弗兰德船只到英格兰的军队护航。如果这两支军队真的联合起来会发生什么事情，那就只能靠猜测了。每种猜测都自有理由。但那很可能意味着英国和荷兰的独立就此结束，因为无敌舰队实际上是有史以来最强大的舰队。如果配以合适的装备，得到明智的指挥，英、荷联军绝不是它的对手。

　　西班牙人的指挥非常无能，对英格兰而言这是一大幸事，而一支小型荷兰舰队成功地封锁了敦刻尔克和纽波特港口，更是让菲利普国王的舰队雪上加霜。这使得伊丽莎白女王那支混杂但极其高效的海军有时间集结到普利茅斯。英国舰队包括各种等级和吨位的船只，其数量接近200艘。受雇用的自由船和改建的商船占据了相当大的数量。那些船主和船长被真诚的爱国主义和劫掠的希望所激发，都渴望"参加战斗"。每个水手都渴望"痛击那些'堂'们"。而西班牙舰队的船员都是些雇佣兵，来自菲利普那些散乱的领土，他们的工资总是被拖欠，而他们只为金钱服务。

　　另一个常常被忽视的因素是气候。日俄战争期间，俄国舰队环绕整个世界，赶到旅顺亚瑟港去支援俄军，却远在抵达中国海之前就失去了战斗力。因为习惯了北方寒冷气候的俄国水手在热带的高温下把身体搞垮了，他们刚离开波罗的海就患上了名副其实的"厌食症"，结果便沉浸于各种各样疯狂的冒险中。而西班牙无敌舰队的水手是在地中海温暖的气候中长大的，他们一来到北方地区，就非常受罪。这里总在下雨，不下雨的时候海上总是笼罩着湿冷的大雾，当大雾终于消散后，又开始下雨。尽管当时正是7月中旬，天气

一大早，天很黑，海浪对英军有利，这些不怕死的水手就
驾着船，朝加莱港附近停泊的无敌舰队进发。

本来应该不错的。

这种恶劣的气候大大打击了那些南方水手的士气。除了其他不适之外，他们还受到可怕的英国火船攻击。火船由8艘抹着沥青、装满各种易燃物的商船组成。一大早，天还很黑，海浪对英军有利，这些不怕死的水手就驾着船，朝加莱港附近停泊的无敌舰队进发。当他们足以接近敌军舰队时，他们就在自己的船上放火，搞得西班牙人心里非常恐慌，急匆匆地砍掉缆索，就逃到海上去了。

一次又一次，在英国人的火攻面前，什么都无法挽救无敌舰队彻底毁灭的命运，除非风向突然改变，而这种情况至少发生了3次。最终，由于无敌舰队进退两难，又无法在敦刻尔克获得补给和领航员，梅迪纳·西多尼亚公爵决定经苏格兰北部回国。那是一个可怕的夏季，天气恶劣。许多西班牙船只都在苏格兰海岸的岩石上撞沉。而其他船只的船员由于缺乏淡水（这是老生常谈了）而受尽折磨，他们试图到爱尔兰东海岸补充淡水，但那里的野蛮人不知道他们是谁，于是便杀害了这些可怜的天主教徒，而后者千里迢迢从地中海赶来，恰恰是为了让英格兰与荷兰回到天主教教会的信仰之下。有好几次，爱尔兰农夫把此类倒霉船只上的所有船员都杀掉了，到最后，半年前威风凛凛地离开里斯本的舰船只有三分之一（没有准确的统计数据）回到那里。

因生病、饥渴和受伤而导致的人员伤亡如此可怕，西班牙再没能从这次灾难中完全恢复。1588年之后，通往印度和美洲的航线向所有人开放了。这是非官方的开放，因为西班牙人和葡萄牙人仍从官方的角度坚持维护教皇在1493年授予他们的那份奇怪的垄断条约。好心的亚历山大教皇不愿看到两个天主教国家大打出手，便要来一把尺子和地图，在佛得角群岛以西100里格的地方，画下一条连接北极和南极的直线，然后对西班牙说："这条线西边的一切都归你们。"又对葡萄牙说："这条线东边的一切都归你们。"第二年，这两个国家以教皇的教令为基础，签订了一份条约（不过把这条线放到了佛得角群岛以西370里格处），试图把它变成实际的政治蓝图。但北欧人很快以非官方的方式认识到，这份著名的《托尔得西里亚斯条约》（*Treaty of Tordesillas*）不过是一张废纸，就跟其他没有足够武力支持的条约一样。

但那不是无敌舰队事件的唯一具体结果。北海的人们学到一个教训。这次在英吉利海峡作战的英国军舰中最大的"胜利"号建成已有27年，其吨位差不多有1 100吨，配备了46门加农炮，所载士兵和船员为500名。然而，除了"胜利"号，英军只有7艘超过600吨的舰船，而西班牙人有45艘这么大的船。

这一次，谢天谢地，一切都还顺利。敌人因为不熟悉英吉利海峡和北海的情况而被迫撤退。如果不是因为风时常从错误的方向吹来，西班牙海军就会全军覆没，无敌舰队会变成泽兰海岸上的柴火。

但所有这一切都已经成为过去。问题是：不远的将来会带来什么？15 000名英国人抵抗30 000名西班牙人，因这场孤注一掷的赌博而培养起来的可怕精力必须找到新的发泄渠道。现在整个西班牙和葡萄牙帝国都向那些乐意稍微冒点险的人敞开了大门。如果把自己武装得跟敌人一样好以防不备，这种冒险就会降低到零。

正是在那个时候，英国君主与荷兰议会为常规海军奠定了基础，这样的海军应该由专门为作战建造和装备的军舰构成。

当然，每艘商船仍继续带着一定数量的枪炮，因为在海盗猖獗的年代，完全没有准备会让你付出惨痛代价。然而，随着时间一年年过去，职业海军的规模和威力逐渐增加，确保外海安全不再是没有根据的幻想。战舰越来越大，直到发展成为现代的超级无畏舰，而商船逐渐演变为现代的轮船公司，上面没有致命的杀伤性武器，只有若干尖刀，用来切开制作鸡尾酒所必需的酸橙。

到了17和18世纪，一个新因素引入以航海为业的国家。那就是速度。商船是获利还是损失取决于几个小时的时间，通过额外增加一两块船帆获得。最先载着一批茶叶或香料返回港口的船只就像早起的鸟儿一样，将获得自己应有的回报。

造船厂把所有精力都花在制造出尽可能坚固厚重的船体上。

　　以前，造船厂把所有精力都花在制造出尽可能坚固厚重的船体上，使之成为精确发射炮弹的可靠平台，现在它们则制造出一种新型商船，首先要满足准时和速度的双重目的。

　　于是，全帆装备的船只逐渐形成。

02 全帆装备的船只出现

所谓"帆索",是指船上所有与桅杆、帆桁、船帆以及用来将前三者绑到一起的缆索相关的东西。

帆索中最重要的当然是桅杆,因为你虽然能够用不完善的缆索和到处是洞跟筛子差不多的船帆航行,但如果没有用来悬挂它们的桅杆,你就别指望移动半步。因为桅杆和船首斜桅支撑着所有船帆。

如果桅杆没有前后桅支索和左右支索支撑,它就无法在风暴中保持直立。前后桅支索是把桅杆跟船首斜桅和甲板联系起来的绳索,而左右支索则是从桅顶延伸到船两侧的一条条沉重的绳索,用来支撑桅杆,并让水手能爬到帆桁上系紧船帆。现在,我们常常将这些左右支索与绳梯混淆起来。绳梯是中世纪的发明。在绳梯出现之前,水手常常爬左右支索。他们在两股绳子之间爬上去,就像猴子一样用赤脚把它们抓牢。在欧洲的许多小型渔船上,左右支索仍用于这个目的,船上没有通常的绳梯。

我刚刚提到的整个这部分帆索,也就是左右和前后支索,被称为"固定索具",因为一旦将它们固定起来,就一直保持不变,绝不会用于拖拉。其余的绳子(有几百条之多）用来升起和控制船帆，被称为"活动索具"。

随着正规的帆船很快消失（剩余的一流帆船还不到一打），那种熟悉所有这些绳索、帆桁和帆船的复杂术语，并且能够在飓风中大声下令调整主帆、天帆、后桅、后纵帆、帆下桁和主上桅帆的人差不多都消失了。剩下的只有那些喜欢有关老式帆船的老式绘画的外行，其主要乐趣之一就是画一艘在疾风中航行的全帆装备船只。

这的确是一副悦目的景象，可到底什么才是全帆装备的船呢？我熟悉的定义没有一个真正回答这个问题。或许最令人满意的答案来自一位老水手，当我就这个话题采访他时，他说："一艘全帆装备的船，就是任何想方设法多装船帆的横帆船，连船长的衬衣也算在内。"

普通的三桅纵帆船（千万别让我解释七桅纵帆船，尽管我以前看见过一艘，它在英格兰南海岸搁浅了）的三根桅杆被称为前桅、主桅和后桅。后桅又名中桅（其英文词根"mizen"跟我们说的夹楼即"mezzanine"的词根相同），它的位置当然是在中间。它已经变成全帆装备船只上三根桅杆中的最后一根，但仍然使用以前的名字，这是为了与航海传统保持一致。因为外海上的生活缺乏任何逻辑性，既然如此，船只的术语又何必强求逻辑性呢？

至于桅杆本身，它们又可再分成若干独立的部分，全都有自己专门的名称。因为桅杆不再像古罗马和中世纪时代那样用单根树木做成，而是包括好几个部分，分别叫作下桅（最靠近甲板）、顶桅（其实是桅杆的中段）和上桅。如果（尽管很罕见）一根桅杆包括四个而

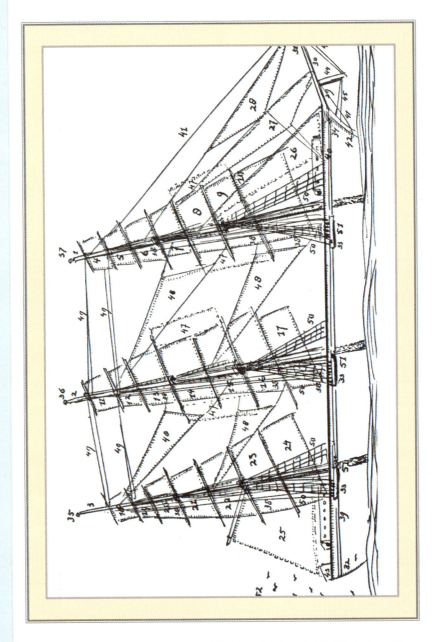

　　普通的三桅纵帆船，它的位置当然是在中间。它已经变成全帆装备船只上三根桅杆中的最后一根，但仍然使用以前的名字，这是为了与航海传统保持一致。

非三个独立的部分，那么上桅上方那段短短的桅杆就叫最上桅。如果桅杆包括五部分，则最上桅上面的叫天帆桅。不过我最好就此打住，因为，如果我继续这样解释，就会发现自己完全迷失在主天帆、后桅、后天帆后支索和主上桅翼帆帆桁中间了。

据最近一期《晨报》上一封来函的作者——其父曾担任舰队司令和第一海务大臣，她说的话经过他的授权——所言，军舰中最高的船帆（在蒸汽机之前）"是最顶帆和天帆，但海盗船和私掠船有时在天帆上面还有'摩天帆'，有时在它上面会再有一层船帆，叫作'月帆'。"40年前，我还是个12岁的孩子，就已经把一艘船的整个索具名称烂熟于心。我有个叔叔，是荷兰皇家海军最后一艘帆船上的军官，那艘船当时用于训练。在我度假时，如果他恰好在港口里，我往往会获准到船上待几天。当然我就在当时决定要当一名海军军官，为了让自己为将来的职业作好充足的准备，我要求一位水手长给我画一张图，标出所有的船帆、桅杆和索具。接着我让他把各部分的名称写在对应的位置，然后每天晚上我都会练习自己的功课："把前天帆支索从前天帆桅杆顶上拉到船首斜桅末端"以及"把船首斜桁撑杆支索从船尾斜桁末端拉到船首垂杆。"船首垂杆是位于船首斜桅帽下方与之垂直的船柱，通过船首斜桁撑杆支索支撑船首三角帆下桁。"船首斜桁撑杆"（martingale）是一个怪异的中世纪词汇，本来是马颔缰，却被用作船只索具名称，其本意是一根从马的前腿之间穿过的皮绳，目的是让它把头低下来。

然而，正当我给自己的小脑袋填满所有这些有用的知识时，我却发现，为了获得进入海军学院的资格，我还必须学习更多数学知识，

在15世纪之后，船只不再用单个
部分构成，而是由好几部分构成。

多得远远超过我的想象。于是我遗憾地放弃了戴三角帽和金色流苏的
所有希望，成了作家。现在我已经太老，没法学习跟普通的英国三桅
帆船索具有关的251个不同部位的名称，而其对应的荷兰语名称对你
们来说毫无意义。不过我认为这不算是非常严重的损失。因为有关此
类旧式索具的知识已经差不多完全属于文物研究范围。帆船已经成为
过去，而且永远成为了过去。今天的帆船大多数都是游乐艇，不用一
个星期，任何业余帆船玩家都可学会船上的绳索与侧支索的名称。

因此，我的无知最终并不是很重要，只要我适当解释在帆船时代
当水手意味着什么。那时候，在一场肆虐的雨夹雪风暴中，桅杆倾斜
在蓝绿色的海浪之上，而你必须按照命令爬到主顶桅上待一个小时，

如果桅杆没有前后桅支索和左右支索支撑，它就无法在风暴中保持直立，
所以，保持桅杆平衡是一件复杂的事情。

试图收集一块湿漉漉又结了冰的主顶桅翼帆的残留，它已经被飓风刮成了碎片。

蒸汽机摆脱了这一切。旧时的水手从自己的坟墓里（或者毋宁说从海底）爬出来，感激地叫一声"阿门"。

不过，让我再回去介绍一下突然降临到17世纪商船上的那些变化。当时它们开始失去作为小型战船的一些特征，逐渐发展成纯粹的"货船"。

一开始，它们顺着新的航线发展得非常快。但接着其发展速度慢了很多，我们必须等到19世纪上半叶，等那些著名的快帆船在一阵恐慌中试图击败汽船时，它们才会急剧发生新变化。但为时已晚。因为

蒸汽机

不久后汽船就从海面上将其帆船对手一扫而光，并让它们一去不返。

我们最好从17世纪上半叶开始说起，当时北方人终于知道了通往印度的航线的秘密，而荷兰和英国贸易公司像雨后春笋般冒了出来，到世界各地去寻找财富。我们对这个时期的船只的了解远远超过此前任何阶段，因为普罗大众对自己这个时代的地理探索非常感兴趣，坚决要求知道所有这些最近发现的大陆是什么模样。游记以及介绍陌生国家甚至陌生民族的书就像今天的惊悚小说一样畅销。既然所有来自那些位于赤道之外的神秘土地的财富都用船运回故乡的港口，既然自己国家的安全与繁荣依赖于船只，人们对船只图画有着强烈需求也就非常自然了。

既然艺术家总是跟着财富转，他就按照公众的需求创作，为船画素描、油画和蚀刻画。在他没有忙着画此类素描、油画和蚀刻画时，他又制作船的模型，或者烧制船型陶器、瓷砖，或者把船画入刺绣样本让女儿们刺绣。

实际上，当整个世界都关注船时——正如一个世纪之前关注地理学——那是一个快乐的时期，我们自己也受益于这股狂热。公元1600年后，船载着我们的祖先来到新大陆以及众所周知的七大洋最偏远的角落，我们真的了解了有关这些船的所有知识。

在此之前，我们甚至说不清（如果不借助自己的想象力）哥伦布驾着什么轻快帆船在蓝色的大海上航行。17世纪新协议时期（东印度地区不再完全为西班牙和葡萄牙所垄断，而是欢迎每个愿意为赢得自己的一份财富而奋斗的人）的船与它们的直系前辈到底有何区别？

　　首先，它们的线条更直了。在中世纪结束后，船体前部用于战斗的炮楼又存在了差不多一个半世纪，现在终于消失了。船尾看起来不再像高耸于波涛之上的城堡。不过，随着高高的船首楼消失，船的平衡也被打破，因此有必要在船的前部增加一点额外的重量。于是，已经大大延长的船首斜桁上固定了三四根帆桁，其上挂着自己的船帆——这些正方形的小船帆分别叫作斜桁帆（sprit-sail）、斜桁帆上桅帆（sprit-sail topsail）和斜桁帆顶桅帆（sprit-sail topgallant-sail）。（注意：请把这些航海术语读得含含糊糊，就好像你患过严重的干草热一样。你把它们读得越含糊——例如，把"sprit-sail topgallant-sail"读成"spr'sl t'g'l'nsl"或

17世纪的船坞

"st'n'sl"——你的听众越喜欢）

这些船帆肯定让所有的水手恨之入骨。即便在非常晴朗、风平浪静的天气，一艘快速移动的帆船上也总是有大量运动，让船首最前面的位置潮湿而难受。扬起船帆时，水手们不得不一直爬到船首斜桅上，在船首斜桁撑杆支索上作真正的走钢丝绳表演。如果突遇暴风（在大海上，大多数自然现象都突然降临和消失），他们就得悬挂在那里，紧张地在狂暴的大海上方摇摇晃晃，并咒骂自己喝得醉醺醺被带到船上的那一刻。

这些船首斜桅帆固定在船首斜桅下方，自有其合乎逻辑的理由。我们可以想象它们能够经受波涛汹涌的大海，而它们之中处于最下方的船帆还有一些洞，以便在船扎进水里时能让水从洞中流过，这个事实也说明它们不单是在天气晴朗时使用。

尽管船上有大量前后左右的支索，但那些矗立在船首斜桅末端上的顶桅是怎样固定的，我却一直没弄清楚。不过，所有17世纪的船只绘画中都有这些荒谬的小桅杆，我非常确信把它们放在那里并非仅仅用于装饰。最后一位使用这些精巧装置的船长在两个多世纪前就已死去。现在没有一个人能告诉我其中的道理，那些小桅杆，就像中世纪的那场著名的希腊大火一样，或许直到世界末日都是一个无人知晓的秘密。

为什么17世纪的人在船的装饰上浪费大量时间和金钱，我也一直感到费解（我敢肯定其他很多人也同样感到费解）。他们把船从头至尾都装饰上精美的木雕，其原因却很简单。船"是一位女士"，因此她当然有资格获得一点额外的照顾，获得一点额外的关注，做一点梳妆打扮，好让她感觉更自信、更自豪。但为什么要把船尾精心装饰，搞得就像个美术馆？为什么要在这里展示大量令人眼花缭乱的天使、各种神话人物和举着雏菊花环的胖乎乎的小天使，或者成吨成吨的锚链？为什么要给船尾栏杆——也就是船尾最高处用于支撑旗杆和信号台的三角形木头——装饰这些精美的绘画？

对此我还是不知道，不过英语中的船尾栏杆"taffrail"一词只是英国化的荷兰词语"tafereel"，也就是绘画，说明那个地方就是专门为艺术家保留的，好让他们给船加上一些额外的彩色艺术品。

不过，我们应该记住，这是一个装饰的年代。世界突然变得富有起来。不管谁有钱，都愿意在艺术领域做一些奇怪的事情。在陆地上，巴洛克式教堂朝着天空骄傲地昂起它们过于精致的正面，而平民对过度装饰有着明显的嗜好。17世纪的人们不仅喜欢和欣赏过度装饰，也理解激发它的那种感情。在他们的房子里，他们被那样的家具包围着。他们的勺子和叉子完全不同于今天的简单样式。他们的银盒子上覆盖着拉弓的小天使。他们的钟覆盖着如此繁密的海上和陆上风景画、描绘海战的图画以及月亮和天上的所有星星，你简直看不清楚时间到底是几点。

他们的社交生活精致复杂。那时生活还没变成"保全面子"的问题，你是在"挣面子"。你持有一打冒险性贸易公司的股票。你的平民姓氏被用来给世界上一些奇怪而偏远地区的山峰、海湾和河流命名，此前没人见过那些地方。你变得富有。你的妻子穿着17条衬裙，你的孩子们穿着漂亮的小裙子跑来跑去，它们本来是给济罗罗岛苏

一艘17世纪
的船只的船首

丹的女儿们做的，现在他不幸被你的一名水手一枪打死。简言之，你
是个上等人，你很富有，也不在乎向你的邻居露富。但既然你没法亲
自出国——只能隔很长时间才去一次——那么你就希望那些代表你前
往世界各地的船只把事情做得非常漂亮。如果你是法国国王，你就希
望普利茅斯或伦敦码头附近的居民在看到你船上的28尊雕像时惊讶得
目瞪口呆。那些雕像每个都比真人更大，在一条带有你妻子名字的船
上，它们沿着船尾边缘或悬挂或悠闲地坐卧着。因为你知道，英国码
头上的短工会彼此议论纷纷，说只有非常伟大的君主才负担得起如此
毫无用处的奢侈，因此（"你自己数数那些雕像！瞧瞧那个戴着金冠
的老尼普顿！我向你保证它也是用纯金做的！"）你必定就是世界上
最伟大的君主之一。

　　当高贵的荷兰共和国议会议员爵爷阁下们（如果你寄给他们的信没有完整使用这个全称，就会带着"地址不详"的标记被退回）向瑞典王国派出官方外交代表团时，他们不希望自己的大使受到某个卑微的瑞典小官员的"轻慢对待"，后者当然非常清楚，大使阁下的父亲是靠亚麻布批发赚的钱，并不比他的厨子更有资格拥有自己的家族纹章。荷兰代表团希望以下面的事实给瑞典人留下深刻印象：如果他们愿意，就能够买下整个瑞典，用作方便捕捞鲸和鲱鱼的渔业基地。因此他们才把船尾精雕细刻。显然他们的花招儿奏效了。

　　这些荷兰船上有各种盾形纹章，即便是最具上古时代风格的哈布斯堡王室也想象不出其精美程度。船上展示着蹲伏或用后腿站立的狮

清教徒前辈移民就乘坐这样的船越过大西洋。

子和其他动物。船上有镶着彩色玻璃的窗户，夜里，当地人透过窗户可以看见这位荷兰舰队司令用银碟子和金盘子招待客人。有些船上还带阳台，人们或许会看到大使阁下正在悠闲地吸着烟斗，给他自己以及他最热忱的崇拜者留下深刻印象。

的确，17世纪船只的那些装饰精美的船尾是一项非常划算的投资。当舰船开炮作战时，只有其侧面会受影响。船尾很少被击中，你可以放心地用它们来给大海对面的邻居留下深刻印象。

幸运的是，讲到造船史上的这个时期，我们不再完全依赖于那些仅仅描绘船只外观的图画。我们拥有那个时代一些著名舰船的造船计划和准确的说明。其中有部分按照其古老的蓝图（或其黑白示意图）重建了出来。还有少数由现代船员驾驶着穿越海洋，它们中也包括公元1795年或其前后的那艘可怕的英国囚船。这些船教我们了解了三件事。首先，它们的完美适航性；其次，它们尽管外表笨拙，航行速度却比我们想象的快得多；最后，从现在的角度看，船上的生活几乎是难以置信地缺乏体面和舒适。

不过，当我说到最后一点时，那些不了解事实的人们总会回答我说："但这些人不在乎。他们并不知道比这更好的生活环境。他们喜欢那样。"

也许他们的确是那样。但他们似乎非常小心地隐藏了自己对船上生活的热爱。因为每当他们提笔记录自己的海上经历时，他们从来都是以失望情人般的怨恨咒骂那片狂暴的水域，并且毫不隐讳自己对各种问题的看法，如糟糕的食物、令人难以忍受的害虫、坏血病，以及那些毫无理性、极度残忍到几乎怪诞程度的纪律，上面提到的那艘英国囚船就是很好的例子。

就像在17世纪的那种普遍信仰下长大的其他所有人一样，水手对上帝毫不怀疑。他们接受自己天生的奴役状态，只要这是万能的主的安排。这并不能防止他们一旦远离陆地就像苍蝇一样死去。首先，他们总是吃喝不合适的食物。以航海为职业的人倾向于在生活和思考方式上非常保守，而且这方面显然无可救药。这似乎是该行业的危险之一。他们过着非常孤独的生活，几个星期、几个月有时长达几年的孤独很容易让他们变得极端内向。他们唯一的精神生活来源——至少在古时候——是每天细细研读《圣经·旧约》和《新约》中更含糊的部分。那种做法本身就很容易让人意识到自己的渺小，让他们面对那些在外海比陆地上更严厉的神意的表现，产生完全无助的感觉。因此，几个世纪以来，水手们耐心地吃着完全不适合人类消化的饮食。300年前的船长们肯定从漫长而悲惨的经历中了解到，向海员们发放的少量食物完全不适合人类，但他们似乎从未想过自己能够改变这一切。而船员们由于习惯性地屈服于不可更改的事物，也默默接受了自己的命运，从不抱怨。

毕竟，他们还能怎样？从小到大，他们受的教育告诉他们：这个世界上的人分成两个不同的群体，彼此毫无联系。他们的老师教给他们的是这种奇怪的原则——假设他们能进学校学习的话，在17和18世纪，那些为贫穷所迫，不得不到外海上谋生的人，是否有机会进学校还非常值得怀疑。他们的教会教的也是同样的东西。那个时代没完没了翻来覆去的问答式劝诫是这样的："尊敬你的父母——尊敬你的雇

　　他们过着非常孤独的生活，几个星期、几个月有时长达几年的孤独很容易让他们变得极端内向。他们唯一的精神生活来源——至少在古时候——是每天细细研读《圣经·旧约》和《新约》中更含糊的部分。

主——尊敬你的长辈——尊敬我主安排的任何比你高的权威。"

如果有人20岁刚出头被一个醉醺醺的同伴打死或死于某种可预防的疾病，那么对他们而言，这只是徒劳的安慰。但在那个社会，这是不可避免的。因为那时的人们坚定地认同上帝将他忠实的子民分成两个群体的做法：一个是"衣食无忧者"，一个是"无衣无食者"；一个按照天命统治别人，一个同样按照天命服从统治。在那样的社会中，所有因素都不利于弱者，他甚至无权决定自己的命运。因此，它只会造成人类残酷对待同类的局面，这正是本书在大部分篇幅中强烈控诉的东西。

天知道，那个时代在外海谋生的人也知道，普通商船上的生活远算不上理想。船首楼甚至桥楼上的水手们，在与雇用他们的船主或指挥官之间产生任何冲突时，根本没什么机会让人听取自己的意见，也没人作出诚实的裁决。因为船主和指挥官掌握了金钱，归根到底，二副及其家人能否吃得上饭还得由他们决定。所以，即便到现在这个体面的时代，虽然有劳动法保障，但那些真诚地相信自己完全有理由抱怨的人，也理所当然地非常非常谨慎地行事。

但他们不再像其前辈那样完全无助。首先，他们对这个世界的看法已完全改变。他们不再认为自己的命运是上天注定的，并且真诚地怀疑祖先们奉行的"必然服从"原则——当他们在济贫院度过残生时，只能以此让自己强打精神。其次，他们也知道某个地方存在某种法庭、法官、治安官或领事——假如他们能接触到的话——其职责就是倾听他们的冤情。除此之外，他们还可以诉诸报纸，寻求舆论的公断。

　　他们不再认为自己的命运是上天注定的，并且真诚地怀疑祖先们奉行的"必然服从"原则——当他们在济贫院度过残生时，只能以此让自己强打精神。

饮食不足的结果从船员的患病率和死亡率可以表现出来：在整个航行过程中，一半船员失去正常生活和工作能力的情况并不罕见；而从欧洲到东印度地区的航行中，死亡率可高达20%～30%。

要获得帮助并不容易，甚至是极其困难的。但它们至少提供了让人摆脱困境的出路。直到50年前都没有这样的出路。直到半个世纪前，水手都完全听凭雇主摆布：他会因为微不足道的过错而挨鞭子，就像赫尔曼·梅尔韦尔小说里那些船员一样（他们拒绝按船长的命令刮掉自己的络腮胡）；而且，不管船长或军官怎样以野兽般的残忍对待下属，他都是对的，他的手下都是错的。

食物只是他们日常生活中的一个细节，难怪几个世纪以来（直到我们能够想起的近代），在那样的环境下，商用大划艇扔给水手们的食物的质量都完全取决于船主和船长的贪婪程度，取决于厨子和储藏室保管员能够从杂货商那里榨取的贿赂。

饮食不足的结果从船员的患病率和死亡率可以表现出来：在整个航行过程中，一半船员失去正常生活和工作能力的情况并不罕见；而从欧洲到东印度地区的航行中，死亡率可高达20%～30%。让这一点显得特别可怕的是，事实上这种状况完全可以避免——如今的船只，即使做十几次环球航行或穿越赤道的航行，都不会损失一名船员。

"但是，"你或许会反驳说，"18世纪的船主并非傻瓜。他们做生意是为了赚钱。他们肯定意识到这种荒谬且不必要的劳动力更替会花去过多成本。他们肯定知道，通过减少在自己船上举行葬礼的次数，他们就能增加自己的利润。"

唉，这种逻辑并不适用于17世纪。对当时的雇主来说，人员变更算不得什么。他们是按照当时的社会意识形态被抚养成人的，而这种意识形态并不把水手当作受法律保护的人。水手的社会和法律地位跟普鲁士弗雷德里克大帝和俄国彼得大帝的士兵完全一样。他们不仅给加农炮填加弹药，也把自己的身躯填进大海。谁在乎？一块旧帆布和一个用作裹尸布的袋子，再加上几发让袋子沉入海底的炮弹，这花不了多少钱。每次这样随随便便将一个水手扔出船去，都会另有两三个可怜的家伙被迫应募当水手。

我们抱怨自己这个时代的社会不公与残酷。但跟一个半世纪之前的条件相比，我们简直是生活在天堂里。歌德这样描述当时的情形：

事实上，我们这个世界的环境一直都是最悲惨的。人们总是与邻

居争斗，折磨对方，并且从未学会尊重和欣赏美与幸福——而这是他与生俱来的权利。

因此，自从船发明以来，在那些漫长的世纪中，水手们一直在悲惨地死去，却无人关心。偶尔会有某个仁慈的指挥官对部下的命运感兴趣，小心翼翼地让他们至少拥有过得去的饮食和住处，万一生病了也能得到基本的医疗照顾。但只有那些对自己的社会地位非常有信心的人，才负担得起这样的做法。因为一旦他们打开船上的一盒饼干，查看它们是否达到规定的重量和质量，为船提供物资的杂货商就会纠缠不休，让他们的生活变得难以忍受。一旦他们将整整一批腌肉扔出船去，因为"它的臭气令人无法忍受，而且已经完全腐烂，连狗都不会碰它"（别怪我——我只是引用别人的话），肉贩就会接连不断地质问海军部的官员，抱怨说自己受到他们的某个部下"未经证实的诽谤"。当有人发现卖给舰队的毯子是以次充好时，也会发生同样的事情。（当时被褥还是新奇事物，即便到今天，水手住的船首楼里也没有这种东西。）当一艘船需要新船帆时，还是会发生同样的事情。如果你真的想了解从前海军中盛行的渎职现象，请阅读佩皮斯先生的日记。

在1665年的英荷战争中，塞缪尔·佩皮斯（Samuel Pepys）负责英国舰队的食物供应。他深受当时的约克公爵喜爱——公爵后来将作为詹姆斯二世登上英国王位，不过当时还只是海军上将。众所周知，佩皮斯写日记只是供自己看，因此不必隐藏任何事情。他对自己的所作所为并不感到特别骄傲，但似乎也没有任何羞耻感。海军中的状况一直是那样。他塞缪尔·佩皮斯只是小人物，何必费心去改变现状？

　　自从船发明以来,在那些漫长的世纪中,水手们一直在悲惨地死去,却无人关心。偶尔会有某个仁慈的指挥官对部下的命运感兴趣,小心翼翼地让他们至少拥有过得去的饮食和住处,万一生病了也能得到基本的医疗照顾。

哪天你取一本佩皮斯的日记，翻到1665年、1667年和1668年那几部分。人们频频指责伊丽莎白女王在与无敌舰队作战时有意让海军挨饿，并且说如果英国水手获得体面的饮食，就能让西班牙舰队全军覆没。读了这部分日记后你就会明白这样的指责多么没有根据。

那位做事干练的女士，凭借她所有令人敬畏的力量，以及对臣民——包括最卑微的臣民——的强烈责任感，在反对那些像秃鹫围绕尸体一样围着她的造船厂打转的各级贪污者和既得利益者时，也绝对是无能为力。直到纳尔逊的年代之后很久，这种状况才有了明显改观。但即便到那时，数世纪以来水手们遭受的最可怕的虐待——诱拐喝醉的人、绑架刚从海上回来的人、故意让帆船和不定期货船上的水手吃不饱饭、遭受军官个人虐待的水手得不到补偿、船长在到达海岸前想方设法剥夺船员工资的卑劣手段——也没有完全消失，而是一直持续至今，在有些国家，这种情况跟以前相比几乎没有任何改变。

当权者若想推脱责任或设法为自己的态度辩解，就只有一个理由。在现存条件下，他们能否比过去做得更好？那时候，人们对食品的营养价值、维生素、卡路里以及由淀粉和碳水化合物构成的菜单一无所知，所有遗产法都建立在父亲于45岁去世而由儿子继承其财产的期望之上，在那样的时代，他们能否让水手获得均衡饮食？

但比这种无知更糟糕的是没人真正有兴趣去探索。例如，在18世纪的头25年，荷兰东印度公司为其前往巴达维亚的船只上高得离谱的死亡率而烦恼，当他们向著名的莱登大学医学系寻求帮助和建议时，那些博学的教授们做了些什么？这些博学的教授在赫尔曼·波哈维（Hermann Boerhaave）——他使得莱登大学成为整个文明世界的医学

一艘北海渔船
▲

研究中心——的领导下，写了一份报告。但他们的报告并非建立在个人观察的基础上，因为在这些杰出的医生中，没有一个不惮麻烦地亲自坐船前往东印度地区，以便对这个问题做第一手的研究。不，这份报告只是搜集了1500年前古希腊和古罗马内科医生对这个问题的所有论述，里面没有丝毫独创的研究。

尽管如此，如果说外海船上的死亡率确实在逐渐降低，这也完全归功于一群在历史上默默无闻的人们，心怀感激的子孙后代们应该给他们修一座巨大的集体纪念碑。我指的就是当时船上那些地位卑微、报酬低得可怜的外科医生。

最初，船上的外科医生也兼任理发师之职。但他们的社会和知识地位逐渐上升，到17世纪中期之后，每艘吨位超过500吨的船在作远途航行时，都会带上至少一名外科医生或助理外科医生。这些人应该在故乡的医院行医一到两年，然后据说才具备了在外海船只上行医的资格。

他们的诊室是一个臭烘烘的阴暗小房间，靠近船的底部，位于啤酒桶和葡萄酒桶之间。在战斗中，他们会借助几支动物油脂蜡烛的灯光，用手术刀和锯子做必要的切除手术。如果这种事发生在和平时期，他们就可到甲板上做手术。这时就会把患者绑在几块木板上，给他灌上一肚子朗姆酒，让他醉得差不多处于昏迷状态。然后外科医生就切除他的结石，或者锯掉他被子弹或失控的大炮炸碎的腿。他们在船上也做必要的牙科手术，也就是拔牙。当时人们的牙齿状况很差，是导致海员死亡率居高不下的主要原因，但这一现象直到我们这个时代才受到明显关注。在外海上，人们的牙齿比在陆地上更糟，因为许多热带病，如坏血病和疟疾，都会影响到牙龈，在牙龈流血的状态下，几乎不可能咀嚼船上那些跟铺路石一样坚硬的饼干。

不过，虽然这些外科医生的医学知识非常有限，但他们的外科技术却相当高明，不到两分钟，他们就能切除一条腿或胳膊。此外，他们也是一群尽职尽责的人，而且总体上颇有才智，他们拥有陆地上那些博学的医生所无法享受的优势。他们是船上的重要组成部分。他们生活在水手和高级船员之间的模糊地带，因此他们不仅了解水手们的实际生活状况，而且知道他们为何死去。而高级船员对此知之甚少。

据说他们要为派遣他们出海的公司定期记录自己在航行中做过的

和观察到的每件事，正是从这些不断积累的日记中，当局能够逐渐得出一些结论，最终它们最有可能给水手的健康带来裨益。

他们了解到的最重要的事情之一是：缺乏新鲜蔬菜和新鲜牛奶会导致坏血病，它是船上一半的病死者的死因。坏血病是食物中缺乏某种维生素造成的，它会影响到血液，导致内出血，并致使牙龈枯干。这种病不仅会让病人逐渐丧失体力，而且会让他们出现严重的精神萎靡。实际上，普通的流行性感冒、发烧、倦怠、肌肉疼痛受害者的所有不适都会在坏血病患者身上出现。接下来他的牙龈会受到影响，牙齿开始脱落。几个星期后，他将死于肺炎、肾脏疾病或其他一些并发症。让他吃一些蔬菜、土豆、洋葱、甘蓝、芜菁或苹果、葡萄、梨，他差不多一夜之间就会康复。

他们要为派遣他们出海的公司定期记录自己在航行中做过的和观察到的每件事，正是从这些不断积累的日记中，当局能够逐渐得出一些结论，最终它们最有可能给水手的健康带来裨益。

57

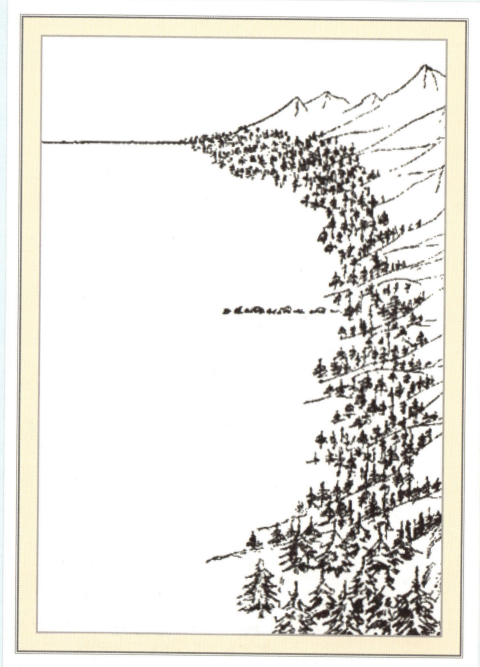

圣赫勒拿岛，第一个被葡萄
牙人用作保健站的岛屿。

荷兰东印度公司用武力夺走了这些岛屿，以便为自己的舰
队提供迫切需要的维生素。

当人们了解到这个事实后，就产生了大量争斗。每个从事海运的国家现在都试图控制若干位于主要商业通道上的大西洋或太平洋岛屿。例如圣赫勒拿岛，我们现在不会重视它，但它却是第一个被葡萄牙人用作保健站的岛屿，他们在1502年发现这个岛屿。渐渐地，这个岛上有人居住了。1582年，当两个前往罗马的日本特使在此登陆时，他们至少会受到比较正式的接待。61年后，荷兰东印度公司用武力夺走了这些岛屿，以便为自己的舰队提供迫切需要的维生素。但由于这个岛非常突兀地耸立在大海中[岛上的山脉都在海拔500～2000英尺（1英尺＝0.3048米）之间]，即便到今天，这里也只有一个安全的登陆地点，所以荷兰人很快将菜园转移到1652年被他们占领的好望角。那之后，英国东印度公司又获得了圣赫勒拿岛，此后，它差不多就一直属于英国，只有很短一段时期再次落入荷兰人手中。

.位于南太平洋中间的阿森松岛是现代的海底光缆站，它逃脱了类似于圣赫勒拿岛的命运，因为岛上除了野草和灌木什么都不长。位于开普敦与爪哇中途的印度洋岛屿毛里求斯是另一个新鲜蔬菜站，是荷兰从葡萄牙手里夺过来的，因为荷兰需要它来让他们的水手在前往印度的漫漫长途中保持健康。后来该岛被法国东印度公司夺走，最后落入英国人手中。

这些中间站只扮演着中途医院的角色，毫无战略意义，荷兰在控制好望角近一个半世纪内的管理方式就说明了这一点。他们不仅不鼓励人们到此建立永久性定居点，而且采取断然措施防止此类事情。他们不想自己手上又多一个殖民地，管理自己位于东印度的广阔领土已经够麻烦了。但他们十分重视开普敦作为新鲜食品站的价值，在这里

他们不仅不鼓励人们到此建立永久性定居点，而且采取断然措施防止此类事情。

修建了他们最坚固的堡垒之一，以保护那些大型菜园——它们现在已改建为开普敦的公园。

这表明，在18世纪上半叶，至少人们做了一些改善船上条件的事情。但最大的改进直到18世纪末才出现。那时由于库克船长以及若干英国、荷兰和法国随船外科医生的知识探索，不同国家的海军终于接受了多少有利于水手健康的饮食。

英国海军自建军以来就每天定量向船员分配朗姆酒，这种做法在寒冷的北方地区还情有可原，但在炎热的热带则肯定是灾难性的。公元1795年，英国海军除朗姆酒外又开始经常性地每天定量分配酸橙汁。但与此同时，英国商业部要等到70年后，才规定所有商船都必须给船员分配柠檬汁和酸橙汁，这也说明政府多么漠视普通船员的命运。从那以后，英国水手便不再受坏血病的折磨了。而其他国家的海员甚至在攸关自身性命的问题上也十分保守，他们立刻为那些娇惯的英国同行杜撰了"酸橙佬"的侮辱性绰号。但渐渐地，其他所有国家也模仿英国的做法，到如今，在文明国家，坏血病就跟麻风病一样罕见了。

但即使有充足的新鲜蔬菜供应，船上的饮食条件也仍然很差。每天的菜单贫乏得令人难以置信。船员们会一连几个月有时甚至几年以硬邦邦的粗食和咸猪肉为主要食物。鲜肉只能在港口获得。随船带着几头牛，在需要时将它们杀了吃掉是有可能的。但把它们养在露天的甲板上，不久它们就会遭遇断腿的厄运，这样一来，当然就只好立刻杀掉它们了。随船带上几笼鸡，放在甲板侧面养着，不会像养牛那么困难。但由于这些小船的甲板经常处于半淹没的状态，鸡就会被淹死，或是染上某种禽病而死去，这样一来，它们的尸体会立即被水手吃掉。听起来这种肉不是很可口，但你别指望这些把海鸥、信天翁和其他难吃的海鸟当作美味（在大浅滩的法国渔船上，直到今天他们都称这些海鸟为"野味"）的人对某种可以食用的动物的死因追根究底，用咸猪肉的油煎一煎，它们吃起来味道跟平常一样好。

除了硬邦邦的粗食和肉类，船上还有什么？还有奶酪。但奶酪不管怎样精心烹制，都很容易在热带太阳的影响下经历奇怪的内部变

公元1795年，英国海军除朗姆酒外又开始经常性地每天定量分配酸橙汁。但与此同时，英国商业部要等到70年后，才规定所有商船都必须给船员分配柠檬汁和酸橙汁，这也说明政府多么漠视普通船员的命运。

63

化，然后它就变成了很多胃病的病根，虽然这些病很少有致命的，却同样会让患者失去劳动能力，使得他们无法履行每天的职责。

在法国船上，法国人的烹饪天才也表现在著名的"肉汁"的发明上，这是用头天的所有剩菜剩饭做的——几片猪油、变味的面包皮、少量奶酪和其他剩菜。但在荷兰、英国和斯堪的纳维亚的船只上，这种"肉汁"不受欢迎，除了每天定量配给的饼干（当然是没有黄油的）和咸肉外，船员们获得的其他食品只有干菜，要么是豌豆，要么是菜豆，都做成汤，但它们通常都放在水里煮，直到没有经验的苦役犯把真正具有营养价值的部分完全煮掉。这些苦役犯是水手中地位最低的渣滓，通常认为他们很适合在船上的厨房里工作。我们不能责怪他们对所谓的"煮菜水"的蔑视。如今，在欧洲和美洲的大部分地区，人们仍然非常浪费地把它们倒进水槽。

这些煮得乱七八糟的东西没什么吸引力，它们不是装在单个盘子里端给人们吃的。盘子要到很久以后才会出现。它们被装进一个铜锅里，从厨房送到水手室。然后，水手们便用自己的刀子和勺子狼吞虎咽，因为在船首楼里，叉子也是一种完全没人知道的奢侈物。这种进餐方式也会导致各种争吵，每个人都想抢到最大的肉块。这些争吵反过来又导致更多极端严厉的纪律措施，因此船上的生活继续保持跟监狱生活完全差不多的状况。

帆船上的水手当然从不知道"定时作息"是什么。他们或许会定时"守夜"，要么在桅楼上，要么在船桥上。但风不听人使唤，也许水手们上床睡觉十分钟后，就会被再次叫出去收起前上桅帆或升起后桅帆。

水手们大部分时间都穿着湿漉漉的衣服，很不舒服，
因为他们中许多人只带着身上穿的那身衣服上船。

更讨厌的是，水手们大部分时间都穿着湿漉漉的衣服，很不舒服，因为他们中许多人只带着身上穿的那身衣服上船。即便给他们提供半打换洗的上衣和裤子，没有炉子又怎么把衣服烘干？不管船只往北行驶到多么寒冷的地方，船上除了厨房里的炉子，都不许带任何其他加热设备。因此水手们总是半疲劳地工作。那种产生于睡眠不足的令人绝望的麻木感，再加上牙不好，以及所有水手通常都会遭遇的大大小小的烦恼（酷热、胳膊皮肤因时常接触湿绳子而产生的湿疹、因为手被冻僵而导致的手指坏疽），造成了一种怪异的船首楼神经症（也就是我们的祖先所说的"水手忧郁症"），让这些可怜的家伙为一点琐事或毫无理由地彼此拔刀相向，砍掉别人的耳朵或鼻子。

如果一切顺利，天气晴朗，水手没有生病，也不缺少睡眠或过度工作，那么每天下午两三点钟的正餐就成为快乐的中心。船员需要放松精神，需要日常事务中发生一点小小的变化，需要任何有助于打破除了天空和大海、大海和天空，咸猪肉和煮豆子、煮豆子和咸猪肉之外什么都没有的可怕单调生活，而就餐是唯一的机会。

这些头脑简单又感到无聊的人钟爱恶作剧，所有恶作剧都从那只用来烹煮和装盛食物的大铜锅开始和结束。在军需官发出开始就餐的信号之前，能够将一只旧袜子或旧鞋子偷偷放进锅里的人简直就是大受欢迎的英雄，只有可怜的厨子不这么看，他很可能会"因为严重疏忽而被抽12下鞭子"，所有船员都非常高兴地参与这样的活动。因为他们通常都痛恨厨子，谴责他将钱放进自己口袋，而不是拿去购买猪肉和菜豆。

然而，人不是单靠面包和咸猪肉生活。他还需要某种液体将这些坚硬的食物冲进食道，为几百人提供足够的饮水，甚至比给他们足够的食物更难以解决。菜豆、豌豆、面包和猪肉，就算被各种小昆虫破坏，或者里面长了虫子，在吃之前必须仔细地捡掉它们，这些食品也仍然保存了部分营养价值。但如要喝一杯如同微型水族馆般的水，即使最渴的人也会犹豫不决。在那两个不幸的世纪中，船上的饮水通常包含了大量小生命，种类繁多，但外表超级令人作呕。船只离开港口一个多星期，它们就在水里出现了，让人束手无策。为了造出真正的"防虫"木桶或金属桶，私人、皇室或皇家海军部提供了数目不断

吞吃船只的北海巨妖

增加的金钱奖励，但从未取得成功。不管加上什么保持水质新鲜的物质，船首楼附近的水桶——这是唯一为下层船员提供饮用水的地方——龙头里或早或晚都会流出绿色或褐色的黏液。如果这只水桶没有密封，船员们感到干渴时就用一只牛角杯从里面舀水，那种令人不快的黏液就不会像从密封水桶里慢慢流出来时那么明显。

木匠和箍桶匠想尽了办法。他们用各种木材和清漆做试验，但在铁取代木材之前，一直没有真正改善船上的饮水质量。当然，铁会生锈，结果水就呈现出黄褐色，喝起来有最令人难以下咽的铁锈味。然后，某个天才突然想起几个世纪前炼金术士所做的一个实验。

中世纪的炼金术士对增加我们的化学常识没作出多少贡献，但他们至少了解一件事——海水经过蒸发，会变成淡水。这个问题听起来很简单，但发明家们努力了几个世纪却没有获得实际结果。

在改善船上生活方面，詹姆斯·库克船长或许是最成功的先驱。当他开始第一次伟大的太平洋航海之旅时，船上就带了大量化学仪器。他的蒸馏器发挥了作用，他获得了一种被他称为淡水的物质，但他的船员没一个敢碰。他们全都声称这种东西不适合人类。然而，全体船员的生命都依赖于定期的淡水供应。它受到高度重视，在远途航行中，会有一个特殊的哨兵一直看守着水桶，如果有人哪怕偷上几滴水，都会受到比偷窃面包柜更严厉的惩罚。几个星期后，船员无一例外都只能接受定量供应的饮用水了。在那种条件下，个人卫生自然很差。当然，人们可以在海水里洗澡，但海水没法真正把人洗干净，它会让皮肤变得黏糊糊的，大大增加了那些长痱子的人的痛苦，旧时的大多数水手从进入热带一直到离开热带都会遭受这种痛苦。

现在，如果你还记得腌牛肉和腌猪肉是这些船员每天吃的主要食物，如果你还记得自己吃了烤火腿（你几乎没机会吃到那种更原始的腌牛肉或腌猪肉）之后喝的水、啤酒和其他任何饮料的数量，你就能够想象这些人不得不一连几个月忍受着什么样的折磨了。他们接受自己的痛苦，就像接受其他一切。但他们一到达陆地，就会痛饮任何淡水，不管它们是从哪里流出来的。由于当地村庄的水很容易被污染，里面包含上亿的微生物，因此这样无限制地喝水差不多必然导致痢疾或伤寒症暴发。

实际上，在17和18世纪的大多数船上，伤寒症似乎都是很普遍的疾病，但没人被诊断为伤寒症。拿破仑战争期间，一支不幸的英国军队在与荷兰作战时因伤寒症而全军覆没，这种情况都是水质不好造成的。但虽然当时已经发明显微镜，却还没人发现导致这些可怕灾祸的微生物，只有一样东西能代替饮水，那就是喝酒，包括葡萄酒、啤酒、杜松子酒或朗姆酒。那时的啤酒根本没用，它差不多会立刻变酸。酒精能够更好地抵御那些微小的热带动植物的肆虐，但没人能够在无节制地饮酒的同时完成每天的日常工作。

南方各国和法国的海军能够给船上的货舱装满当地出产的葡萄酒，它们差不多跟水一样便宜，但在真正解渴方面，却不如水有效。有人做过试验，想让船员用喝葡萄酒代替喝水，而且允许他们喝个饱，但这个试验彻底失败了。这些水手的饮食系统缺乏营养，让他们无法忍受每天只能饱餐一顿却可不受限制地痛饮葡萄酒的不均衡饮食。这个葡萄酒试验差不多刚引进就不得不立即废除，船上的条件仍然跟以前一样，直到现代卫生学教授们继续忙碌50年之

他们的平均寿命只有45岁左右，因为他们就像奴隶一样工作。他们吃的都是不健康的食物，他们饮酒太多，而且在错误时间饮酒。

后，才有所改善。

至于这些两百年前的水手们穿的衣服，也足够填满好几个不太令人愉快的章节。甚至在热带夏季中最炎热的时期，这些人也不得不穿着羊毛衬衫和裤子工作。当他们与土著激战时，除了穿着10磅重的衣服，还得扛着跟一战期间的小型机关枪差不多重的枪，我不知道他们怎么还能去战斗。我也没有找到任何能解决这个疑问的专家。专家们通常这样回答我："他们肯定跟我们不一样。"我们最好就满足于这样的答案吧。

　　由于无知、偏见和思想保守而导致的这些不必要的死亡，让整个社会付出了沉重的代价。16和17世纪的绝大多数拓荒者寿命都很短，活不到尽享天年岁数，早早就去世了。研究一下荷兰东印度公司17和18世纪的档案，就会发现那些舰队司令和将军们的平均寿命只有45岁左右。这也难怪！因为他们就像奴隶一样工作。他们吃的都是不健康的食物，他们饮酒太多，而且在错误时间饮酒。但这还不是全部。他们没有蚊帐，因此在热带港口的船只上，各种喜欢扑到蜡烛上寻死或是喜欢在阴暗潮湿之处产卵的昆虫泛滥成灾。但还不止于此。就算没有蚊子，他们也会故意制造蚊子。就拿荷兰人来说，他们刚在崭新的城市巴达维亚站稳脚跟，就不得不为自己的这个首都提供复杂的运河系统，目的是在主城区与几英里之外港口之间建立起便捷的交通。这些运河成为上百万蚊子的繁殖地。当每半年回国一次的舰队准备离开时，这些船经常无法航行，因为一半的船员都患上了疟疾。

　　这些船员总是面临上千种形形色色的危险与不便，他们成为各个社会阶层中最迷信的人，你会感到奇怪吗？任何人会感到奇怪吗？他们完全听天由命，非常清楚自己面对风暴和横死或某个发了酒疯、愤怒的船长是多么无助，而且又被剥夺了从故乡教堂获得安慰的机会，因此他们愿意尝试任何秘方，尝试任何法术、任何护身符、兔子腿，或据说可保护他们免遭恶魔影响的辟邪物，他们感觉自己四周完全被魔鬼包围了。除此之外，船上还有大量怪异的信仰，是十字军时代那些容易受骗的先驱们拖上地中海船只的（任何东西，只要完全融入海员的潜在意识，此后就会被保留好几百

　　这些船员总是面临上千种形形色色的危险与不便，他们成为各个社会阶层中最迷信的人。他们完全听天由命，非常清楚自己面对风暴和横死或某个发了酒疯、愤怒的船长是多么无助。

年）。以后如果你读到有关船首楼和后甲板里那些奇怪信仰的文字，你就不再会感到惊讶了。

当然，在世界各地，这些迷信各不相同，但什么都无法将它们彻底抹去。对民间传说感兴趣的人，有时会奇怪低地国家的加尔文派教徒坚持庆祝圣尼古拉日，却对圣诞节非常冷漠——他们只把圣诞节当作救世主出生的日子。这时，你们应该记住，在中世纪，圣尼古拉是所有水手的保护神。他跟法国的圣米歇尔（你会记住圣米歇尔的故事的）以及圣彼得分享这一荣誉。圣彼得最初只是一个卑微的渔夫，据说他比自己的两个同行更了解海员的需求。这三位圣人一直试图帮助陷入重重困境的可怜水手，但他们必须走遍大量地方，此外，他们也不是很多敌人的对手。因为旧时的水手们还非常随意地创造了另一个想象世界。

我说的不是天地之间的那些事情（它们总是让我们感到迷惑，有时会吓坏我们中大部分人），而是水手们坚信的那些生活在水面之下的怪物。现在的海蛇就跟中世纪时一样活泼好动，甚至在我们最可敬的报纸上，每年也难免会有几栏文字写到这种大胆而永恒的深海动物。它是古代挪威《萨迦》中的巨蛇的直系后裔，据说其祖先缠绕着整个地球，而且不会死掉。但在旧时，它有许多对手，差不多就跟它自己一样可怕（它能够像人吞掉一只虾那样吞掉整艘船吗？），而它那些对手更加令人恐惧。因为，如果你直视海蛇的眼睛，它就会变得无害，立刻潜入海底，只要你的船在那个区域，它就再不会出现。但还有北海巨妖！它也以海蛇的伪装出现，不过它最早的祖先很可能属于乌贼家族，只要你见过那些外表狰狞恐怖、长着10条腿的墨鱼一次，它们就会在你脑际萦绕多日。

但更危险的是鲫鱼怪物，因为你永远无法看到它们。如今，鲫鱼只是一种无害的小吸盘鱼，属于鲫鱼科。每当这种动物需要运输工具时，就会把自己牢牢固定在鲨鱼身体上，除非需要进食，否则绝不松口。但在旧日的水手们心目中，鲫鱼却是一种庞大的怪物，会附在船底，然后，不管风刮得多大，船都无法移动半步，完全停滞，直到所有船员都被饿死渴死。

此外还有空中的恐怖事物，如圣艾莫之火，这朵小小的蓝色火焰会在风暴到来前出现在桅杆顶上，以最不祥的方式"嘶嘶"闪烁，不过它其实预示着真正的好兆头，就像地中海水手的保护圣人——圣伊拉斯谟具有警戒意义的显灵一样。此外还有一等船只靠近就消失在海面下的神秘岛屿。此外还有美人鱼，那些恶毒的妖妇导致那么多毫无戒心的水手死亡。他们听到她们诱人的争论声，只看到她们浑圆的美丽肩膀，等注意到她们拥有鱼的尾巴，且末端带有可怕的长钉子时，已经为时晚矣。

后来又出现了漂泊的荷兰人，他出没于好望角附近，因为自己那些可怕的亵渎之语而受到诅咒，永远在外海漂泊，用他的灵魂跟魔鬼赌博，会给任何挡住他去路的人带来厄运。

我们不再屈服于这样的恐惧。对我们而言，这些奇闻异事听起来如此幼稚。我们来到船上，拉铃叫来一名乘务员，告诉他早上9点钟把咖啡端来。如果我们比预定时间晚了一小时到达终点，就发誓再也不乘坐那家公司的船。至于天黑以后看到的东

我们不再屈服于这样的恐惧，对我们而言，这些奇闻异事
听起来如此幼稚。

西，我们要么在餐厅，要么在吸烟室看到，当然它们大多数都不具有迷信性质。

不过，且慢。你倒是乘坐一艘露天的船只，在星空下过几晚试试。然后试着说服船上的人，在那些可怕的黑色波涛下并没有什么东西——而人类从未见识过那下面的情形。你试试！

03 从海底怪物回到17和018世纪的船只上

在我们转入食品与怪物的话题之前，我一直在谈论17和18世纪的船只。我已经告诉你们：无敌舰队出现时引起的恐慌让北方各国意识到，如果无法更加有效地保护自己，他们会面临怎样的危险；此后他们开始建造常规性军舰，只用于战斗，而商船则只满足贸易需求。

我有什么证据证明这一点吗？是的，我有。在进入现代之前，关于船的统计数据不是很充足。但我们至少有少量可靠的数据，与两百年前世界公认的造船技术中心有关，这个事实让它们变得更加有趣。17世纪中期之后，似乎法国拥有最富于想象力的海军船舶设计师。但技术最好且在造船和修整方面更加谨慎的是低地国家，想学习这门手艺的人会到一家荷兰造船厂无偿服务数年，就像今天对国际金融感兴趣的年轻人去伦敦或阿姆斯特丹一样。

要说明荷兰建造的船只跟其他国家的相比有何优势并不容易。但大多数那个时代的人都一致认为，荷兰船在两个细节上具有优越性：它们拥有更大的货舱空间，它们比其他国家的船只需要的水手少得多。

17世纪后半叶是造船业蓬勃发展的阶段，当时荷兰只

老式护航队 ▶

有150万居民。但这个时期（大致而言，就是从1650年到1700年）荷兰造船厂每年造出两千艘新船，到那个世纪末，荷兰拥有一支包括两万艘船的商业舰队，总吨位达90万吨，相比之下，英国有50万吨，而其他欧洲国家总共有200万吨。为了保护这些数量庞大的商船，在17世纪的最后18年，荷兰建造了172艘新军舰。这些船的实际建造费用为8100万荷兰盾。另外7000万荷兰盾则用于装备它们。

那就是公元1700年的状况。一个世纪后，荷兰仍然是重要的承运商，但从前的海上优势已经丧失。英国和法国完全取代了它，当时两国正为夺取海上控制权而彼此争斗。

荷兰突然衰落的原因是什么？就像所有类似的灾难，如罗马的衰落或西班牙的衰落，有多少人不惮麻烦去寻找满意的答案，就会有多少种观点。这个国家逐渐陷入衰退，部分原因是它变得太富有了。它在各个方面都沉溺于从东印度攫取的战利品中。此外还有它那些充满渴望的邻居的嫉妒。现在荷兰人有钱让儿女享受绅士淑女的悠闲教育了。但只有最强壮的年轻人才能够在航海中生存下来。

低地国家在1700年到1800年之间发生的突然变化肯定还有其他原因。一个国家在1682年至1700年之间建造了172艘船，而在1703年至1745年之间却只建造了3艘船，这其中肯定有什么地方出了差错。在这里，那个"什么地方"跟船只本身毫无关系。这是缺乏足够港口的问题。荷兰港口无法满足那个时代的需求。这些港口都位于港湾和12条大河的河口。它们都是优良港口，也打算好好为顾客服务。但它们都非常浅，容易受海浪和洋流影响，而且只有当船的规模相对较小时才能发挥自己的效用。

一艘海军游艇

是的，这就是那个悲哀的事实。17世纪，当军舰还处于发展初期时，荷兰能够比其他国家建造更好更便宜的军舰，因此没什么可怕的。载重600吨、配备70门大炮的船很容易出入于莱茵河或须德海。但公元1700年之后一直到纳尔逊时代，军舰的体积迅速增加，有些一线作战军舰的吨位达到2000吨甚至更多。荷兰永远也无法让一艘2000吨的船进入泰瑟尔岛。

在17世纪头60年，阿姆斯特丹是欧洲大陆最重要的海上贸易中心，现在却因为一片沙洲而与世界其余地区分隔开来，任何挖掘机都无法在那里挖出一条运河。1691年之后，所有吃水超过15英尺的船都必须用浮船箱——这是一种漂浮的干船坞，能让船越过沙滩——运过这片沙洲。而军舰只能首先卸掉所有大炮和大部分设备才能抵达首都。鹿特丹也遭遇了跟阿姆斯特丹相同的麻烦，直到半个世纪之前，这两个城市通过与自然水道毫无关系的运河，与大海连接起来，才获得永久解脱。

因此，由于港口太浅，荷兰被排除在海上竞争之外。法国和英国拥有宽阔的深港，能够建造带有三层或四层甲板的船只，配备110或120门大炮，载重2500吨。而荷兰要建造超过700吨的船，就不得不让它永远漂浮在外海上。

荷兰海军当局尝试用所有可能的方法克服这个难题。他们尝试平底龙骨，他们把船加宽。但全都徒劳无益。大自然对他们过于严酷了。既然700吨的船敌不过2000吨的船，荷兰的最终失败就只是时间和数学问题了。

在此，我必须提一下在那个伟大的世纪后半叶低地国家发展出来的一种新型船舶，它不仅在最近两个世纪的海军发展史上扮演了相当重要的角色，而且略加变化后，一直幸存至今。

在17世纪的一本著名的英国词典中，你或许会读到下面的文字："游艇：一种荷兰船只或娱乐船，跟驳船大小相当。"在埃弗伦1661年10月1日的日记中，你会发现下面的条目："今天早上，我跟国王陛下一起乘坐他的一艘游艇（或娱乐船）航行，以前我们没听说过这种船，直到荷兰东印度公司献给国王一艘。"

04 纳尔逊时代的船上生活

1789年5月，法国人民的代表被召集到凡尔赛宫，帮助他们的国王挽救这个国家避免破产。

三年后，法国人民的代表们（其时他们已经对完全不同于平衡预算的问题产生了兴趣）废除了国王的政府。

在随后那一年，他们砍掉了他的脑袋。

欧洲突然警觉起来，注意到法国的局势。显然，这意味着法国处于革命状态。其他君主担心这种革命精神会传播到整个欧洲大陆，于是建立了一条屏障地带，也就是布置一些起隔离作用的陆军和海军，好让饥饿的法国群众留在他们所属的地方——法国国内。

但饥饿的法国群众认为他们有责任将自由、平等和博爱的福祉带给所有可怜的奴隶，后者仍在少数被指定的皇室的暴政下忍受痛苦。在一个年轻人的领导下——他直到最近都满足于在故乡科西嘉岛上当独裁者，但现在却把自己影响深远的勃勃野心隐藏在朴素的灰色小外套下面——这些没有教养的革命群众静静地消灭了那些皇帝或国王敌人手下训练有素的军队，成为欧洲大陆的霸主。

然而，当他们试图渡过英吉利海峡时，却遭遇了很大的困难。结果，欧洲经历了长达22年的海战，直到滑铁卢战役后才结束，然后，一艘英国军舰"伯勒洛丰"号就载着法国皇帝，来到孤零零的圣赫勒拿岛上一座非常不起眼的小村舍里。这22年中，外海上的战争几乎从未中断，它见证了完全靠风力移动的旧式军舰取得的最大发展。

这场争斗并非像通常设想的那样倒向一边。法国在海上和陆地上都是令人生畏的对手。法国海军船舶设计师不像他们在英吉利海峡对面的同行那么死板，拥有远远超过后者的独创性。西班牙海军造船厂也为拿破仑皇帝工作（他本打算让自己的弟弟去当西班牙国王），在法国技师的管理下，仍然能制造出一流的产品。但在大多数重要战役中，英国都获得了胜利，在1805年10月21日的特拉法尔加角战役后，法国无疑被迫退出了争夺大西洋和太平洋霸主的竞争。

拿破仑肯定知道会发生这种事。两年前，他就把路易斯安那卖给了美国，这是英国最危险的海上竞争对手之一。在特拉法尔加角战役后，他不再试图从海上封锁英国，而是组织了一种反向封锁，针对英国的贸易，关闭了从爱琴海到波罗的海的所有欧陆港口。英国以非常认真的海上封锁回应这种未能实现的"大陆封锁"。

这是一场生死之争。当英国最终胜出时，它不得不感谢自己那些水手的行动，以及伟大的拿破仑在科学上的愚钝——他拒绝接受罗伯特·富尔顿提供的用蒸汽驱动的护卫舰，并且告诉这位美国发明家说，他那种"冒烟的桶子作为战船绝不会有任何实用价值"。虽然法国和西班牙的船只通常优于英国船，但英国水手无一例外都比这个科西嘉暴发户的水手更善战，更善于操纵船只，也更擅长开枪射击。对

客运船只的发展

世界其余地区而言，拿破仑或许是皇帝陛下，但对所有诚实的英国水手而言，他只是个绰号叫"波尼"的家伙。

　　图中文字自上而下依次为：公元前30 000年，史前人类划着独木舟；古代希腊和罗马时期，载重30吨的客船；十字军东征时期，60吨的客船；15世纪，100吨的客船；16～17世纪，400吨的客船；18世纪，1 000吨的客船；19世纪，快速帆船时代，3 000吨的客船；20世纪，50 000～70 000吨的客轮。

当这些拯救自己国家的人在英国国王陛下的战船上服务时，他们被迫过着什么样的生活？弄清这一点将非常有趣。记住，大多数参加特拉法尔加角战役的人本来肯定是能够活到19世纪的，但却跟我们祖父那一代人差不多在同一时期死去。因此，我谈论的不是他们在500年或1000年前的生活。

保卫英国海滩抵御外国侵略的船都是国产的。它们用生长在英国皇家森林里的橡树建造。把树砍倒后，本来应该用几年时间风干。然而，当时情况非常紧急，30岁的船长比现代70岁的舰队司令经历的实战还多，船只磨损非常严重，木头往往还很新鲜就开始使用。然后，为了将这种坚硬的木头揉成需要的形状和弯度，就必须浸泡它并把它煮沸。因此你就可以理解为什么安格时代的战船使用寿命很少超过七年或八年了。当然，到那时候也可对它们作彻底的维修，但维修费用差不多跟造一艘全新的船一样庞大，于是通常会扔弃旧船另造新船。

英国船的实际建造方法差不多跟法国造船厂相同，但跟荷兰的方法有点不同。荷兰海军官员通常作为造船厂的木匠开始其职业，度过了数年用锤子和普通锯子工作的学徒工生涯。因此他们能够根据画得非常小的详细图纸造船。英国和法国造船工人没有这样的图纸。他们在所谓的"放样间"工作，这是一种大型木棚，他们以此为基础，按照船的实际长宽画出图纸。与此同时，他们又用粉笔在"放样间"的墙壁上画出准确的侧面高度。完成这些工作后，再把需要的木板切割成恰当的长度，然后就可正式开始造船了。

将两千棵皇家森林里的橡树变成一艘皇家军舰约需8个月。木材费用约每吨5英镑或6英镑。每吨还需另外花25英镑在桅杆、船帆、索具和大炮上面。大炮是杂费账单上最重要的项目。

这种船用大木钉将木板钉到一起。许多外国海军已经在使用铜钉，但在英国，人们习惯按照传统坚持使用木钉。因此木钉直到进入18世纪很长时间后仍在使用。

英国传统也要求船只甲板以下的部分必须非常低。法国人和西班牙人造的船更宽敞，不仅更有利于船员健康，在天气差的时候也更容易操作；而英国船只能使用上面两层的大炮，因为担心海水会通过舷窗灌入底舱。但英国的大炮优于法国炮，也更好操纵。由于那个时代的大多数重要海战都发生在双方舰队相距不到四分之一英里的地方，法国船在航行和一般配置方面的优越性就被英国船精湛的枪法抵消了。

1794年，韦桑岛战役在豪勋爵指挥下的英军与维拉雷·德·茹瓦约斯（Villaret de Joyeuse）海军上将指挥下的法国革命军之间展开，"布伦瑞克"号与"复仇"号相距如此之近，英国水手都无法拉起船体中部的炮门，"布伦瑞克"号上的大炮不得不通过封闭的炮门开火，在此过程中制造了一些参差不齐的新炮门。难怪英国历史学家把这次战役称为"6月1日大战"。

关于这个时期的船就讲这么多。现在谈谈船上的生活。船长和军官们住在船尾部分，睡在固定的小床上。船员睡在吊床上，夜里悬挂在底层甲板的大炮上方。而海军军官学校学员则被塞进下层后

船上的大炮

舱里，远远处于吃水线以下的地方。外科医生的手术台也在这里，离储藏室不远，这里散发着腐臭的黄油和放置很久的奶酪跟底舱污水混杂的臭气。

不论是过去还是现在，底舱污水都指的是渗入船内并在底舱或龙骨上停滞不动的死水。而且它在过去和现在都散发出最恶心的恶臭，嗅觉敏感的海军船长们过去常常在自己的船舱里焚香，以消除底舱污水、变味的饭菜、干腐食物、死老鼠以及没洗澡的水手发出的臭气，所有的船上都弥漫着这样的臭味，直到最近才有所改观。

加农炮炮弹和弹药存放在敌军炮火无法到达的安全距离外，位于吃水线下面。那个时候的弹药有股非常刺鼻的硫黄味，渗透了所有下面的几层甲板。被称为"炮童"的男孩子不断将需要的弹药送到炮手那里。大炮本身放置在低矮的木车上。这些木车上装着圆木板作轮子，同时也可对付后坐力。这些炮弹重达36磅或24磅的大炮的后坐力几乎跟它们向敌人发射的炮弹一样危险。因为，在漫长的战斗中，当大炮逐渐变得灼热的时候，其后坐力会猛烈地将整个木头装置、轮子和所有一切从甲板弹向天花板。有时大炮会变得滚烫，必须浇上一桶桶的水，以避免它们烧着甲板上的木板。然而，即使大炮没有变得过热，也会因为在后坐力下后退太远而杀死炮手。因此，一旦给装到活门附近的一管细长的弹药加上燃烧的引线，除炮队队长外的所有人都会出于安全而趴到地上，当弹药开始嘶嘶作响时，炮队队长也会从危险的地方跳开。

但有时候固定大炮的绳子会突然断掉。然后炮队就不得不对付一门失控的大炮——非常可怕的东西，尤其是在战斗中。因为这种失控的大炮会成为真正的魔鬼，它的目标只有一个：碾碎一切挡道的东西。必须用床垫、吊床和船帆将它拦住，不过，通常在重新控制住这个疯狂的庞然大物之前，会有很多人受伤或被杀死。

开炮是一件高度复杂的操作，需要大量时间和技巧。因为，除非炮队队长有充足的实践经验，否则大炮会反过来冲他喷出火花，造成非常疼痛的烧伤。

在敌对双方中间隔着大片水域时，用这些大炮瞄准敌人也需要多年的训练。其目标当然是击中敌舰中部，如果有可能，就让你自己的炮弹

海上霸主
图中文字自上而下依次为:
公元前30 000年,史前时代
公元前4000—前1400年,腓尼基、古希腊、古罗马的地中海时代 船只载重30吨
公元700—1200年,北欧维京人时代 船只载重60吨
公元1300—1600年,葡萄牙和西班牙的大西洋时代 船只载重100吨
公元1600—1700年,英、荷竞争时代 船只载重600吨
公元1750—1815年,英、法竞争时代 船只载重1200吨
公元1900—1934年,现代竞争时代 船只载重35 000吨
1950年,新霸主出现

穿过对方舷窗，把他们的炮队打得血肉横飞，从而破坏其炮火效力。为了保险起见，大炮瞄准的高度会比需要的略高，而不是相反。因为那个时候的炮弹若击中敌船吃水线以下的部分，就不会带来多大危害。但它们会在敌人的帆索之间造成可怕的破坏，因为失去桅杆的船会变得完全无助，除非有艘友好的邻船帮助它，将它迅速拖离危险区域。

直接命中敌船的情况并不常见。我这里说的是炮弹穿过对方舷窗击中敌船，进入其船体内部，点燃散放在甲板各处的弹药，这又会导致甲板下面的弹药库爆炸。但任何击中木船侧面的炮弹都会炸出大量四处飞溅的碎片，它们几乎跟帆索上的神枪手射向对方的子弹一样可怕。因为如果这种碎片飞入眼中或手中，受害者就必须到外科医生那里接受治疗，那个地方跟现代军舰上的手术室可没有多少相似之处。

没有强征入伍的政策，纳尔逊就不会获得胜利。

在18世纪的军舰上，外科医生是个大忙人。他的职责繁多。船上的水手包括港口当局或寄宿公寓老板送来的流氓，还有被强行掳到船上的人，他们身上长着很多害虫，外科医生必须把它们除掉。其次，他还得监督给他们理发的工作。他本身已不再充任理发师。他已经被当作军官，在军官起居室（所有职位低于船长的军官们共用的起居室）附近拥有一间自己的船舱。他还与其他军官一起用膳。

此外外科医生还要监督清洗他们的衣服。一旦船只离开港口，他就会布置好病房（别跟手术室混淆），可能位于甲板下任何拥有富余空间的地方，但通常位于船首楼里。然后他会安排每天的诊疗时间，让所有感觉不适的人前去报到。如果发现他们确实患有某种疾病，就会把他们送到他的临时医院去。那里没有护士，通常派船员中最弱的水手去照顾病人。他们被称为"废人"，关于这个绰号，有大量说法。那些流氓和无赖最容易从自己以前的住处把伤寒症、斑疹伤寒等患者带到船上来，这样的人怎样应付此类疾病？我更愿意把这个问题留给你们自己想象。不过，普通人宁愿忍受各种痛苦，也不愿被迫住进污秽、恶臭且严格限制喝朗姆酒和吸烟的病房，这谁都知道。

当然，有些船上的条件会比其他船好得多。这真的取决于船长。如果他想这么做，就能够下令经常将船上的病房熏蒸消毒，而且可向病人提供干净的床单以及床垫之类的奢侈品，有时还会增加专门烹制的病号饭或一些小零食和葡萄酒，由军官厨房送去。但"传统"坚持以更敷衍了事的方式对待病人，所谓的"人道"船只就跟加尔各答的凉爽天气一样罕见。

发生战斗时，在外科医生位于甲板下的医疗处会发生什么？这是另一码事，而且不那么令人愉快。让那里如此可怕的原因是，在照顾船上医院里的患者时，"经济"——也就是钱的问题——产生了如此重要的影响。这些人不管以前是住在贫民窟或监狱里，还是被强征入伍者从他们的家人和平静的日常事务中拖走，都在挽救自己的国家免于毁灭。然而，海军部下令说，废棉花——也就是通常说的"棉绒"——太贵，不能用于每天的清理伤口。海绵更便宜，于是就向外科医生提供海绵，但海绵数量很少，因此，当船只参与战斗时，他们不得不一连几个小时使用同样的海绵。结果很多相对无害的擦伤伤口被感染，经常导致截肢手术——如果外科医生用棉绒处理伤口，这种情况是很容易避免的。

不过，让我们回到几页之前说到的战斗话题。一旦军舰发现敌人，外科医生、军需官、随军牧师和海军军官学校的教师（他被派到船上教学校的学员读写和算术）就到驾驶舱下面去，那是海军军官学校学员们吃饭、睡觉和生活的地方。然后他们就尽可能多地收集他们需要的水手衣物箱——本来是属于这些穿着军装的小孩子的财产，然后用它们拼成一张低矮的桌子。他们给这张临时准备的桌子铺上一张旧船帆。然后给挂在横梁上的大灯笼点上几支牛脂蜡烛，那是外科医生做手术时唯一的光照。与此同时，外科医生自己则忙着生一个小煤炉，在上面把水烧开，这是把他的手术刀和锯子加热到适宜的温度所必需的东西，因为当时认为，用热锯子锯腿比用冰凉的锯子造成的疼痛要轻一些。

接下来，在手术台周围会放上一些筐子，用来装那些切除的手脚胳膊腿；再打开一瓶瓶朗姆酒和杜松子酒，好让伤员喝酒后至少变得意识模糊；随后准备一些止血带，以免伤员在等待就诊时因失血过多

普通人宁愿忍受各种痛苦，也不愿被迫住进污秽、恶臭且严格限制喝朗姆酒和吸烟的病房。

而死。水手们普遍了解止血带的用法。当外科医生没什么事的时候，他会给船员们讲课，教他们怎样使用止血带。然后，万一有人在战斗中被击中，他的同伴就可采取这种特殊的急救措施，如果他想活着到达手术室，使用止血带就非常有必要。至于他能否活着离开手术室就是另一回事了。因为外科医生时间紧迫，必须匆匆忙忙地工作。他周围全躺着一排排等着动手术的伤员。不过这些因近距离炮击造成的伤口的性质通常很容易诊断。

外科医生向他的助手们点点头，他们就抓住伤员。一个助手给伤员喝上满满一杯朗姆酒，另一个在他嘴里放上一块皮口衔，让他在截肢时咬着（还记得大划艇上的桨手奴隶在遭遇战斗时往嘴里放的木口衔吗？也是防止他们受伤后呻吟或哭喊的）。然后这两名助手抓住这个人的身体，以及将要切除的胳膊或腿，外科医生用手术刀猛砍两下就切到骨头所在的位置，然后就该用锯子了。手术几分钟就可结束。匆忙包扎伤口，然后迅速检查一遍裹住残肢的绷带，再喝一口朗姆酒——下一个！

那些忍受这种生活的是什么样的人？船长和军官们差不多无一例外都属于社会上层阶级。德雷克的美好时代已经过去，那时候一个具有超凡能力的人能够靠努力工作往上爬。而18世纪，正如迪斯累利准确描述的那样，是"属于少数人的世纪，属于极少数人"！不单是英国，整个欧洲都是如此。既然这极少数人占据了陆地上的所有好职位，由此可以推断，他们也在海上占据了更有利可图的职位。当时当上船长就能够（通常就是这样的）大赚一笔，就像一艘现代私人游艇上面的船长一样——如果船主对储备食物或开出双份账单之类的花招儿一无所知的话。

但那时的船长可不是闲差，因为他必须对船上的所有事负责，不得不处理大堆烦琐的事情——现在这些事都留给了军需官或司务长。仔仔细细盘点了船上的所有事情之后，接下来船长就必须为自己招募船员了。除了年幼无知、过于浪漫或穷困潦倒的人以及习惯性醉鬼，大多数人都知道军舰上的生活是什么样子，因此很少有人自愿去上面当水手。

这里必须指出一种例外，也就是那些逃避司法的人，或者说渴望赶在治安官前面几步离开、宁愿待在船只的下层后舱也不愿进债务人监狱的人。但通常他们都是非常糟糕的水手，还有一种人被吹捧地称为"市长阁下的人"，他们也好不到哪里去。不错，他们出现在船上确实归功于伦敦市的最高长官。他们是在首都的大街和酒馆里找到的无业游民和流浪汉，如果没有这种逃避方式，他们会把所有监狱和拘留所都填得满满登登。

但是，如果市长和收账人无法制造足够到海上服役的人选，那就只有一种方式能为军舰提供短缺的人手了，那就是尽可能多地偷偷绑架和平公民以满足作战需要。现在"征兵队"已无人知晓，或者毋宁说它已经被义务兵役制所取代，后者是拿破仑的超级强征入伍手段，它使得强行征兵完全合法、正大光明。但我们的曾祖父们了解且万分恐惧征兵队，因为那些家伙对个人毫无敬意，也不会仔细询问他们抓住的那些人的国籍——很多美国人和斯堪的纳维亚水手已经极其不安地发现了这一点。

当然，从名义上说，"征兵队"的活动听起来似乎很有道理。从名义上说，"征兵队"应该只抓水手。这非常合理。国家卷入了激烈的战争。国王陛下的水手和海军在履行其爱国职责时像苍蝇一样死去，而他们的薪水才每个月25先令。商船海军的水手得益于战时的高工资，每月领取5英镑的工资，却让其他人做所有脏活，这不太公平。最初似乎的确是命令征兵队只抓那些来自商船海军的水手，他们正在酒馆里花他们的不义之财。但不久后，即使这种真正的海员也开始减少了。然后就放出这样的话："从今以后，抓谁都行！"

当然，这绝对是违法的。《大宪章》和兰尼米德哪儿去啦？可

这些可怜的人们一被送上船，就受到了囚犯一样的待遇——被锁在货舱里，门口还有人把守，并且他们手里还握着上了膛的枪。

是，除非有人强制实施，否则纸上的规定和保障就毫无价值。但对于那些可怜人来说，谁是他们的朋友？谁有足够的力量来为他们寻求正义，或者掏出一纸《人身保护令》并召集一整队律师来让他们获释？他们没有花得起钱做这些事的朋友，即便真有这样的朋友，他们又怎么可能跟那些可怜的受害者取得联系呢？这些人一被送到船上，就像囚犯一样被锁在货舱里，门口站着哨兵，他们手里握着上了膛的枪，上面已经明确下令，哨兵可向任何试图逃跑的人开枪。不，这些可怜人唯一能做的就是在厄运中尽量保护自己。毕竟，战争不会永远持续下去，如果运气好，他们也许还能死里逃生，大不了背部撕裂，或者装上一根木腿。

此外，聊以自慰的是，他们知道船上至少还有比自己更悲惨的

他们知道船上至少还有比自己更悲惨的人，也就是所谓的童仆，这些悲惨的小家伙来自伦敦最恶劣的贫民窟。

人，也就是所谓的"童仆"，这些悲惨的小家伙来自伦敦最恶劣的贫民窟，被上流社会仁慈的绅士淑女从贫民区和阁楼里挽救出来加以照料，把他们送上军舰，希望让他们以此逃脱坠入地狱的命运。这些孩子往往只有十二三岁，他们适时登记入伍，接受每年7英镑的工资，但他们从未见过这笔钱里的一个便士，因为钱都花到他们的衣服上了。他们被那些没有获得委任的军官以及海军军官学校学员用作仆人，为军官们跑腿。既然他们处于社会阶梯的最底层，他们就只能听凭从海军军官学校学员到船长的所有人摆布。

海军军官学校学员特别值得一提，因为他们在那个时代的历史中起了相当大的作用。毫无疑问，通常总有一天他们都会成长成优秀的军官，因为，可以说他们从小就脱离了养尊处优的环境，学习自己那一行的工作。现在，这种未来的军官13岁多点就进入一所海军培训学校，在陆地上完成了长达4年的全面课程后，就被派到某艘出海的船上。但在18世纪，如果他们碰巧是一个军官的儿子，就会在11岁时被送到船上。

这种古怪的传统可追溯到查理二世统治时期，除了名称（在1720年之前，他们被称为"国王证书学员"，因为他们会获得一纸"皇家服役证明书"），他们的实际地位几乎没什么改变。他们被派去完成各种小任务，如监督桅杆上水手的工作，为甲板上的军官做一些临时工作。他们必须监督水手按照规定绑好自己的吊床。当各种供给运上船时，他们应该在场。在航行中，他们还必须拖着测程器。

毫无疑问，要学习18世纪水手的复杂工作，这是一种很好的途径。但这些学员年纪太小，无法从事任何繁重的工作。因此他们有大量自己的时间，并把这花在自己那个肮脏的小房间里，他们在此吃

　　他们从小就脱离了养尊处优的环境，学习自己那一行的工作。现在，这种未来的军官13岁多点就进入一所海军培训学校，在陆地上完成了长达4年的全面课程后，就被派到某艘出海的船上。

饭、睡觉、玩扑克和其他靠运气获胜的游戏。他们不得不跟船上的办事员和助理外科医生住在一起——这些人大多数都是中年人，已经在海上服务多年——因此总能听到这些厉害人物亵渎神灵的交谈。等他们15岁时，他们对那些邪恶或不道德的事情几乎无所不知了。

当然，就像船上的其他许多不幸的安排一样，所有这些都绝对是违反现存规章制度的。海军部以惯有的慷慨方式，甚至花钱雇用正规的老师教这些孩子，训练他们。但每艘船上有12～24名学员，单独一名教师能把24个小顽童的调皮捣蛋怎么样呢，他们知道（就算他们别的什么都没学会），一旦跨过这个跳板，他们就将成为军官和绅士，而且不管他们年纪多小，都优于那些地位比未获得委任的军官更低的人。

信不信由你（我自己倒是宁愿不相信），这些12岁的小孩儿居然有权告发一名能干的海员——后者的年龄或许是他们的4倍——并且因为自己想象中别人冒犯其孩子气尊严的行为，要求鞭打对方。虽然有些船长对这种控告不屑一顾，但也有一些船长——他们也是占绝大多数——发誓要让船上的每个人向学员的上衣敬礼，即便那只是挂在扫帚把上晾着的上衣！

一个十二三岁的男孩儿，穿着件小制服，佩戴一把小剑，很容易变成可憎恼人的小东西。想象一下，一个小矮人居然有权要求比他年长的人对他毕恭毕敬，而且如果对方在触碰帽檐说"是，先生"时动作慢了点，就有特权让他挨鞭子。

这让我想起在另一章里已经提到过的话题，即船上的惩罚。我没有多少可补充的，或者毋宁说，有大量可补充的内容，但我已经为一个半世纪前军舰上的生活描绘了一幅骇人听闻的画面，应该尽可能简短地稍加补充即可。这种折磨方式的幸存者和目击者留下的真实故事给了我们足够多的细节。但这里有个非常重要的问题：一个人能够经受多少下鞭打而不至于死亡？

如果他的身体承受力很强，他就能经受多得令人吃惊的鞭打数。如果身体弱，就会在挨了20下之后晕倒，在挨了60下之后死亡。然而，挨60记鞭子并不算多。有些船长要抽犯错者300下鞭子才算完，碰到特殊情况，如有人试图逃跑或袭击军官（不管是谁先挑起争端），船长就会下令让整个舰队抽他鞭子。然后把他放进一条小船里，从一艘船划到另一艘。在每一艘军舰的跳板下，他会遭到最无情的鞭打，直到他最终死去，因为很少有人能够从这样恐怖的惩罚中幸存下来。

在我们这个时代，一部分人（数量还很多）有时似乎觉得，恢复旧时的笞刑系统可有效防止犯罪，为了他们，我很愿意补充一句：所有在笞刑时代的军舰和商船上幸存下来的人都一致认为，以这种方式维持纪律完全是失败。或许再没有哪个时代比拿破仑战争期间的笞刑更一视同仁的。顺便说一句，这也是水手们受到如此广泛的漠视并试图加入美国船的原因之一，因为在美国船上他们会受到更人道的对待，虽然美国海军的笞刑差不多也持续到内战时期。最糟糕的是，这种一视同仁的鞭打绝对毫无效果。我有非常权威的人士支持上述看法。比尔斯福德勋爵于1859年加入英国海军，当时他只有13岁，经过半个世纪的热心服务后，他作为一名舰队司令活着退休。他正是在笞刑时代开始自己的职业的，他这么评价鞭打："从前我们采用笞刑却

当船在一个外国港口停泊时，上岸休假的机会是普通水手难以企及的奢侈。

毫无军纪。现在我们不再抽人鞭子，却纪律严明。"

因为鞭打只会让坏人更坏，但却让好人的勇气崩溃。我把上面的所有论述都恭敬地献给我们那些业余的刑罚学家，他们总是说："回到九尾鞭时代多好！"

最后还有一个问题。当船只暂时没有任务而靠岸时，水手们会过着怎样的生活？这没有外海上那么可怕，但即便如此，也非常糟糕。

当船在一个外国港口停泊时，上岸休假的机会是普通水手难以企及的奢侈，这会让他们很容易逃跑。如果在国内的港口停泊，他有时会获得几天的假期，但这时总会有一群行踪诡秘的公民跟着他。然而，他们对他的兴趣并非全然利他。如果他们能引诱这个可怜人到一个酒吧去，把他灌醉，或者给他下麻醉药，然后把他当作开小差的人交给他的船长，就会赢得一笔丰厚的奖金，而这名水手则会脖子上套着绞索，被他的同伴推下一根帆桁。但告密者可不管这些。他们找到一个容易赚钱的方法，结果每个港口都挤满了告密者、放债人和其他讨厌的家伙。

放债人知道水手只有到战争结束才会收到全部工资，因此会想方设法到船上去，借给可怜的老水手几英镑零花钱，"只是帮你个忙而已"，利息不会高于（也不低于）每个月百分之百。但这导致了没完没了的争吵和斗殴，于是海军下令不许任何放债人到船上来。从那以后他们就在岸上做生意。到现在也仍然如此。

是否应该让船员获得与女人见面的机会？解决这个问题不是那么容易。这些船往往会在海上或外国港口一连待上好几年，大多数水手并不是完全根据其优良的精神品质挑选出来的。因此，经过无穷无尽的孤独阶段后，军官们会在他们到港口停泊期间，允许任何女人到船上来和水手们生活一段时间。但这并非正式安排，为避免港口当局提出令人尴尬的问题，通常要求上船的女人必须发誓说自己是那名水手的合法妻子。至于其他，如果她没有偷偷把劣质酒带到船上来，没有偷船上的供给，没有跟其他女性来访者打架或者使用不适合女士的语言，人们就会得体地忽视她的出现。据说，当大型船只——如纳尔逊的"胜利"号——停泊在一个英国港口时，会有多达500名女性来到船上。

当然，所有这一切似乎都极不道德，但马马虎虎却也对水手有好处。他们十有八九会娶这样的女人，然后他们的妻子就跟着从一个港口来到另一个，就像一些在外国岗位服役的海军军官的妻子一样。有时这些女人中有少数甚至会获准待在船上。在战斗中，她们就与男人们并肩作战，或者在下面的底舱帮忙。

等战斗结束恢复和平后会怎样呢？

这时水手往往会身无分文，因为放债人早在他收到自己积累的工资前就已经把他的钱拿走。当他寻找自己的家人时，他很可能会发现，自从那晚他未能从小酒馆回家后，妻子儿女就以为他已经死了。没人想要"一名水手"给自己工作，既然他没有学到任何有利于老老实实谋生的东西，又早已忘掉自己以前的职业，那他就只好作为被抛弃的人度过余生，除非他能够幸运地从格林尼治医院或其他类似的机构领取抚恤金。

我恭敬地把所有这一切献给那些仍然相信战争具有极大教育价值的人。

05 简要说明不同类型船只的外观与装备

　　19世纪初期之后，大海真正变得"自由"了，人人都可使用它（除非在战争期间），不用其他任何人批准，也不用冒着遭受海盗攻击的危险。因此商船完全失去了全副武装的外表，开始接近于我们今天偶尔碰到的帆船了。此外，此前20个世纪在船体、桅杆、船帆和索具方面的试验终于产生了大约12种彼此各不相同的船只，并一直幸存至今。它们现在很少用于外贸，而是主要参与沿岸贸易，或者用作渔船。

　　由于它们的名称往往出现在我们的日常印刷品中，而且如果你在海岸附近，就会看到很多各种各样的船，因此我把它们的名称、外观、特征列出如下：

　　首先，对水手而言，一条船就是真正的"全装帆船"，而不是多桅帆船、双桅帆船或纵帆船。很少有在陆地上工作的人了解它们的区别。一条"全装帆船"是带有三根桅杆的横帆船。"横帆船"意味着帆桁的中央横穿桅杆。在前后帆装中，帆桁——现在称为帆下桁——的一端固定在桅杆上，也有少数四桅横帆船，但它们太大了，需要一支庞大的船员队伍，因此不是很实用。

多桅帆船拥有三根或四根甚至五根桅杆，不过最后一种非常罕见。这些桅杆中，除了船尾最末端那根后桅或伸艉后桅装着纵帆，其余的全都装着横帆。

我最好再说一遍这些桅杆的名称，从船首至船尾依次为：前桅、主桅和后桅。在拥有四根桅杆的船上，最后一根桅杆被称为伸艉后桅。在拥有五根桅杆的船上，主桅和后桅之间还有一根中桅。

至于一艘装备齐全的船只上面的船帆，它们的名称比大多数旱鸭子想象的更容易了解。三张最低的船帆也是最大的，它们被整个称为大横帆，各自名称分别为千帆、主帆和后帆最下帆（不是后帆，而是后帆最下帆，其英文名称"crossjack"读为"crojick"）。大横帆上面是上桅帆——前上桅帆、主上桅帆和后上桅帆。然后是顶桅帆，然后是最上帆。最后是天帆，不过这种船帆已经很少见了。现代船只也将上桅帆和顶桅帆分成低上桅帆和高上桅帆，等等，因此会提到高主顶桅帆和低后顶桅帆等名称。现在你应该能够说出从后帆最下帆到前天帆的所有名称了。多桅帆船上的纵帆被称为后纵帆。前桅横帆的三桅帆船有三根桅杆，除了前桅的横帆，其余桅杆都是纵帆。

还有一种四桅混合型帆船，兼有纵帆和横帆，共四根桅杆。前桅和主桅挂横帆，后桅和伸艉后桅挂纵帆。但这种类型非常罕见。而双桅帆船只有两根桅杆，前桅和主桅，上面都挂着横帆。

而单桅帆船只有一根桅杆，挂纵帆。

另外，我还应该补充游艇的帆索配置。但一条船之所以是游艇，跟帆索配置毫无关系。最近这些年争夺奖杯的美国游艇一直是单桅帆船，或者更专业地说，是独桅纵帆船。这两种船以前的差别也表现在帆桅而非船的形状或船体上。在现代游艇中，有些其实像装备齐全的帆船那样配置，而其他的只是独桅艇，只有一幅船帆，桅杆靠近船首。

小型游艇中非常普遍的帆桅配置是双桅快艇，有一根主桅和一根短短的伸舵后桅，挂着一张小船帆，位于船尾最末端。这种船很容易操纵，英国赛艇必须作为游艇参加比赛，它们就常常以双桅快艇的配置穿越大西洋。

06 汽船崭露头角

本章将讲述汽船的大致起源。

早在1543年，一个名叫布拉斯科·德·加拉伊
（Blasco de Garay）的巴塞罗那当地人就一直在试验建造一
艘汽船，我们对这艘船知之甚少。大约两个世纪后，1707
年，作为多名"蒸汽机之父"（通常把这一荣誉归于詹姆
斯·瓦特，但他只是让蒸汽机变得实用而已）之一的法国
人德尼·帕潘（Denis Papin），将一台蒸汽机装在船上，让
这艘怪模怪样的船在其动力的驱动下，沿着威悉河的一条
支流富尔达河顺流而下。

帕潘属于18世纪那种人数众多的科学家，他发明了
各种各样的东西，但很快被人遗忘，然后别人不得不完
全重新发明。他是荷兰人克里斯蒂安·惠更斯（Christian
Huygens）的助手。惠更斯发明了我们现代的挂钟，并且
非常认真地考虑建造汽车的想法，不过不是像现在的汽车
那样用汽油驱动，而是用火药的小规模爆炸作动力。帕潘
随后成为数学教授，先后在马尔堡和卡塞尔任教，待在前
黑森伯爵领地的首府期间，他居然大胆地制造了自己的实
验性蒸汽船，惹恼了富尔达河上的船夫。富尔达船夫联合
会谴责他夺去了他们的谋生手段，很快对他的船发动攻

击，他们如此彻底地毁掉了世界上第一艘汽船，我们甚至都不知道它是什么模样。

1712年前后，穷困潦倒、籍籍无名的帕潘在伦敦一家便宜的寄宿公寓去世。半个多世纪以后，某位约翰·艾伦博士在英国获得一项专利，"运用某种动力驱动引擎，使得船只可在静风中行驶，为航行带来无数好处，在海战中可很好地保存船只。"我们知道他的这项专利，但对他的船一无所知。

1736年，另一名英国人乔纳森·赫尔斯（Jonathan Hulls）——其

第一艘现代军舰是安装了蒸汽机的老式帆船。

职业是钟表匠——出版了一本书，书名叫作《一种新机器的描述和草图：可在逆风逆潮或静风时将船拖出拖进港口》。

就像那位博士前辈一样，乔纳森·赫尔斯获得一份期限为14年的"专利证书"。但那些握着钱袋的人并不看好蒸汽船的前景，这个计划同样成为泡影。

与此同时，在欧洲大陆上，也有些发明家在这个问题上浪费时间，但他们的遭遇也好不到哪里去。1774年，四名法国人将詹姆斯·瓦特先生的一台最新的"火引擎"装在一条船上，让它航行。他们邀请了法兰西科学院的人来观看他们的小船，它喷着烟，在塞纳河上行驶。法兰西科学院的人看了，印象并不深刻。他们给国王的正式报告建议不要给这四个人专利，国王同意了。但这一次，并非只有臭名远扬的欧洲保守精神才这样。在美国，当有人谈起那种据说早在18世纪中期就在一些苏格兰河流上航行的小汽船时，讲求实际的商人以及统治这个快乐国家的金融家也会同样表示怀疑。即使当他们亲眼看到一条汽船，当他们乘坐一条汽船旅行，当他们知道汽船可在各种天气条件中确保准时到达，他们也还是摇头说"不，这些船没前途"，他们拒绝在这种浮躁的计划上投一分钱。

人们一直把罗伯特·富尔顿当作汽船的真正发明者，有可能改变大众的这种想法吗？恐怕不可能。我们现在了解约翰·菲奇（John Fitch）的一切。一位怀着感激的众议院议员甚至献给他一座纪念碑。我们有准确而详细的图画描绘菲奇的那些船只，它们装着明轮，后来被某种原始的螺旋桨取代。我们有费城至特兰顿汽船到达和离开的时间表，它按时在这些城市的公共报纸上公布，而那比富尔顿的"克莱

与菲奇相比，富尔顿纯粹是个聪明的推销者，有机械学方面的技能，但考虑得更多的是自己的"航海专有权"，以及同样的"独家专利"，而不是让自己的同胞受益。

门特"号在纽约和奥尔巴尼之间运行早了近20年。但富尔顿继续享受着汽船发明者的荣誉，而大多数人甚至都不知道菲奇这个姓。

但在这两个人中，富尔顿的个性有趣得多。与菲奇相比，富尔顿纯粹是个聪明的推销者，有机械学方面的技能，但考虑得更多的是自己的"航海专有权"，以及同样的"独家专利"，而不是让自己的同胞受益。那时候，美国人刚刚获得西部帝国，正面临着怎样用一种不像大篷车那么笨拙、麻烦的交通工具深入西部的迫切问题。

与他相反，菲奇则属于那种著名的天才，主要把兴趣放在解决机械难题上，一旦其发明物能够工作，他立刻失去进一步的兴趣，而让某个四处打探的奸商夺去他的成就，在他自己亲手建造的那个窝里抢走那些金蛋。

早在富尔顿认定艺术家的生活不适合自己之前，菲奇就做过各种各样的事情，干过各种各样的工作。菲奇当过钟表匠、测量员、黄铜铸工，还像保罗·里维尔（Paul Revere）一样当过银匠。但保罗（又一个幸运儿，为一件他根本没做过的事情而获得永久的名声）是个不太聪明的士兵，而约翰·菲奇却是让福吉谷的军队避免饿死的少数人之一。他也出席了在康沃利斯举行的英军投降仪式，为了奖励他的服务，他被任命为肯塔基州的测量员之一。经过他的多次测量探险，他为广阔的西北部地区绘制并印刷了一种装饰华丽的大地图。

接着，经过更多的探险以及被印第安人短暂关押之后，菲奇开始建造汽船。没人为他花费不菲的试验投入一分钱，不过那时人们都在购买他的地图。暂且他还有足够的钱去制造他的第一艘汽船，固定于

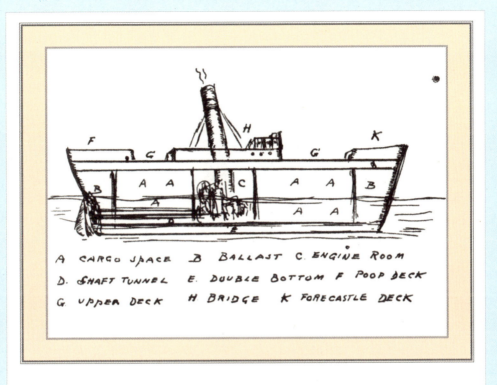

A CARGO SPACE   B BALLAST C ENGINE ROOM
D. SHAFT TUNNEL   E. DOUBLE BOTTOM F POOP DECK
G UPPER DECK   H BRIDGE   K FORECASTLE DECK

汽船结构图
图中文字：A.货舱 B.压舱物 C.轮机舱 D.轴道 E.双层船底
F.后甲板 G.上甲板 H.桥楼 K.前甲板

船末端的一个复杂的橡木装置发出阵阵"咔嗒"声，船神气活现地沿特拉华河顺流而下，但却让菲奇重新变得一无所有。因为公众和金融家对他的船不感兴趣。

于是菲奇决定向几个主权州的立法机关呼吁，寻求帮助。这些公共利益的维护者当然明白，便捷而可靠的汽船会给开发领土带来巨大的利益，它可免除缓慢的陆路交通工具的所有危险，至少可把征服西部的时间加快半个世纪。

约翰·菲奇提出呼吁时，正好是美洲运河热抓住人们想象力的时期。通过运河、合同、通行权以及运河沿岸新村庄的房地产可以赚钱，每个人都能赚很多钱。而汽船只是汽船，除了向老约翰出售木柴和煤炭的家伙，谁能从中得到好处？因此，即便在1790年菲奇的汽船定期来往于费城和特兰顿之后，他仍然无法筹到足够的钱继续试验，而公众抱着怀疑与恐惧的心态对待这个新发明，就跟20年前的人们恐惧和怀疑飞机一样。

于是菲奇带着自己最后的积蓄来到法国。因为法国刚刚发生了一场伟大的革命，旧的统治阶级要么死掉，要么离开了这个国家。然而，当菲奇到达巴黎时，在那场自由、平等和博爱的伟大试验中，领

菲奇带着自己最后的积蓄来到法国。因为法国刚刚发生了一场伟大的革命，旧的统治阶级要么死掉，要么离开了这个国家。

袖们似乎对夺去生命比赋予生命更充实的崭新意义更有兴趣得多。他们听说过利用蒸汽做动力，但除非它能够提高吉约坦医生刚发明的断头台的效率，否则就不会引起他们的兴趣。即使在最专业的刽子手手中，这种迷人的新发明每小时砍掉的脑袋也不会超过30个。因此菲奇回到祖国，5年后在极度绝望中自杀，他的汽船烂掉了，直到半个世纪之后，才有人对这个老家伙产生足够的兴趣，出版了他的部分自传性回忆录。而富尔顿在自己的第一部正式传记《罗伯特·富尔顿的生活》面市时，还没进坟墓。

那么，富尔顿为什么赢得这么大的荣誉，而菲奇却默默无闻地死去呢？富尔顿在自己的前半生中画了大量非常平庸的画作，不同于另一位著名的艺术家兼机械师、以发明电报而闻名的塞缪尔·莫尔斯，富尔顿的画笔并没让他交好运。不过，当他在本杰明·韦斯特——第一批在欧洲生活和工作的美国艺术家之一——的画室里工作时，他认识了詹姆斯·瓦特。

詹姆斯·瓦特那时已人过中年，但他会在富尔顿去世后再活几年。瓦特注意到，年轻的富尔顿有机械方面的爱好。当时韦斯特是乔治国王陛下的历史画画师，富尔顿则耐心地为他的画布涂抹颜色——对一个宾夕法尼亚州的青年兼教友派信徒来说，这是一份奇怪的工作。瓦特鼓励富尔顿放弃艺术，从事机械方面的职业。富尔顿听从了他的劝告，但他从未忽略更实用的生活细节。他搬到巴黎，在法国的首都，将自己在艺术与机械这两个职业中最有利的特点结合起来，用回转画娱乐大众，巴黎人还是第一次看到这种新奇玩意儿。与此同时，他试图用建造潜艇的计划引起海军部的兴趣。但海军部的官员对潜艇不感兴趣，法国的舰队司令们骄傲地谴责从水面下攻击船只的怯懦想法。

几年后的1803年6月，富尔顿邀请他们去看他的另一个小发明，那是一条60英尺长的船，由一台小型蒸汽机驱动，以4.5节的速度行驶，但他们仍然不太信服，对此完全没有兴趣。

从拿破仑皇帝到摄政王咖啡馆卑微的侍者，都梦寐以求地希望摧

密西西比河上的一艘汽船

毁英国的海上优势，而美国公使罗伯特·利文斯顿的这位年轻朋友打算卖给他们一种新发明，他也许能让他们实现这个愿望——奇怪的是，居然没有一个法国领袖明白这个小发明的意义。但在这方面，法国人不过是跟那些杰出的美国医学界官员如出一辙罢了——多年之后，当氯仿的发现者为了美国军队的利益，向他们提供这种实现无痛手术的方法时，他们却拒绝加以利用。

富尔顿作为发明家的职业就这样开始了，但他并没有失去勇气。他有位可靠的朋友——利文斯顿，人人都叫他"大法官"（因为他是纽约州第一任大法官），后来成为一位杰出的作家，写了《论绵羊》一书。利文斯顿早在跟詹姆斯·门罗（James Monroe）去巴黎谈判购买路易斯安那之前，就对蒸汽船航海问题有了兴趣。他的妻兄约翰·史蒂文斯建立了霍博肯城，也是美国专利法体系的创建者。史蒂文斯最初对专利问题产生兴趣是为了保护他发明的新型锅炉，那是第一批火管锅炉的一种。1802年，他建造了一艘蒸汽驱动的船，装有两个螺旋桨，比富尔顿的船早5年成功地在哈得孙河上航行。史蒂文斯的成功鼓励了妹夫"大法官"，后者从纽约立法机关获得了蒸汽船在纽约州河流上航行的完全垄断权。后来，这项垄断权将因为严重干扰汽船先驱对手们"顽固的个人主义"，而大大阻碍美国西部领土的开发。

一旦这位经济支持者和他的发明家离开了不领情的法国，回到其生身之地，事情很快有进展。1807年，著名的"克莱门特"号在蒸汽的推动下，骄傲地从纽约向奥尔巴尼航行。这艘船以利文斯顿的乡村住宅命名，在美国制造的船体上，装着伯明翰有名的博尔顿-瓦特公

引航船 ▲

司制造的蒸汽发动机。几天后，利文斯顿的妻兄史蒂文斯的汽船"凤凰"号也下水了，这艘船的发动机是史蒂文斯自己制造的。

　　这本来会让所有爱国的美国人心里充满骄傲，但当局的反应却相反，他们提醒史蒂文斯先生说，他的妹夫罗伯特·利文斯顿先生，即富尔顿先生的合作者，已经拥有汽船在主权州纽约所有水域航行的垄断权，因此他应该避免让"凤凰"号妨碍富尔顿先生的"克莱门特"号的权利！于是，为了摆脱纽约州法庭的管辖权，史蒂文斯先生赶紧将他珍爱的"凤凰"号经海路驶往费城，这是历史上汽船第一次挑战大海。

此后，史蒂文斯先生把全部精力都放在陆地交通的发展上，1815年，他获得了美国颁发的第一份铁路特许状。

这是一个相当悲伤的故事，但在发明创造史上并不罕见。公众普遍对此类发展不感兴趣的事实证明，大多数人仍然把汽船视为无关紧要的玩意儿。他们或许不会像许多狂热的传教士那样过分，宣布这些新发明只是魔鬼破坏世界和平与安宁的又一次企图。他们甚或会嘲笑那些土地位于河流沿岸的农夫，后者坚持认为这些火轮的噪声和臭气

格洛斯特（美国）的渔夫们正匆忙驾船回家。

让他们的牛奶变酸了，但他们就是不感兴趣。这些汽船没有前途，就是这样。

但运河船就是另一回事了。这种舒适的运河船由一匹慢条斯理的马拖着，以每小时3英里的速度航行，对公众来说，对他们的父亲和祖父来说，这就足够好了。为什么要把自己的生命托付给这些蒸汽腾腾、呼哧作响的发明物？它们的发动机可能会在任何时候爆炸，让你顿时一命呜呼，而乘坐一条欢快、宽敞的运河船，你就可以轻轻松松地到达目的地，虽然速度略微慢点——只是略微慢一点。

到底为什么呢？既然你乘坐火车只用78个小时就可到旧金山，为什么要坐10个小时的飞机过去呢？

然而，不管是过去还是现在，要反对公众的偏见，挖苦讽刺都显得非常无力。针对蒸汽动力交通工具的偏见又持续了差不多半个世纪，而且绝不局限于商业航行。不同国家的海军当局也跟定期往来于纽约和赫尔、利物浦和孟买的快速邮轮的船长一样反对它。某些愚蠢的机械师主张（大概就在同一时期）：除了蒸汽机，你也可以像用木材一样用钢铁建造船只。这时，所有好心的海员差不多都到了忍耐的极限，惊讶的公众哄堂大笑。

瞧瞧这想法！建造铁船！许多聪明的公民，每次听到有人提起铁船，都会问：谁见过马蹄铁或铁砧漂在水上？谁也没见过，但在很久以前，就有一艘铁汽船成功地渡过英吉利海峡，并到达巴黎。指挥这艘船的不是别人，正是第二等高级巴斯勋爵士、葡萄牙海军副总司令、葡萄牙圣樊尚角伯爵、英国海军副总司令查尔斯·纳皮尔（Sir

Charles Napier）。

这件事本身并没什么了不起。在此之前三四十年，著名的英国铁器制造商约翰·威尔金森（John Wilkinson）就为自己造了一艘小型铁驳船。但那纯粹是为当地造的，更准确地说，是为了骚扰他那些说他是傻瓜的邻居，而不是真的试图以钢铁代替木头造船。

但查尔斯·纳皮尔爵士指挥"亚伦曼比"号从伦敦航行至巴黎却是显而易见的事实，这是一艘真正实用的船只。它允许公众目睹这艘船并自己作出判断。公众对这项事业的"好感"很快就让纳皮尔破产，他计划在巴黎与哈弗尔之间开通定期汽船的计划落空了。

不过，若将这种冷漠完全归罪于人们普遍的保守主义，也不太公平，他们是作为群体而非个人来行动、说话或思考的。这种冷漠另有原因。

那个原因存在于以下事实：当时汽船还处于婴儿阶段，而帆船已经达到了后来同类船只难以企及的完美高度。当拿破仑最终在滑铁卢失败后，长期忍受战乱之苦的欧洲各国终于迎来了最盼望的和平时期，这种和平与繁荣建立在对世界其余地区的掠夺和剥削的基础上。其时距离詹姆斯·瓦特的第一台真正能够运转的蒸汽机获得专利已有差不多半个世纪。这台机器让他的同时代人相信，现在人类终于可以摆脱所有古老的重负了。现在，人类可以悠闲地坐在一旁，"无所事事，抽抽烟，读读最新的报纸，而让他那些很有耐心的机器奴隶为自己劳动"。（顺便提一句，这段话是在光荣的1769年说的。）

詹姆斯·瓦特活了83岁。在这个"科学活词典"（如果我们相信沃尔特·司各特爵士的说法）一生的最后几年中，他对自己的引擎能否与一系列轮子结合起来从而变成火车头表示怀疑。但老人仍然不断获得新发明的专利，直到去世。在这方面，瓦特是他那个时代的典型。

从18世纪中期到19世纪中期，人人都装着自己的某种小引擎闲逛。蒸汽机变得流行起来，这股狂热就像今天飞机在空中飞行一样在空中传播。蒸汽被用于各种制造业，从亚麻纺织到锯木头、脱粒、生产丝绸。这个世界一直都靠着贫乏的物资勉强维持生存，这个世界除了没有足够的布料让每个人都有一件外套和一条裤子穿，也没有足够的餐具让男女老少每个人都能用自己的刀叉勺子在自己的盘子里吃饭——但这样一个赤贫的世界很快进入物质充足的状态，给当时所有那些懒洋洋地躺在自己精心装饰的维多利亚摇篮里的人，带来了无穷无尽的骄傲之源。

从母舰附近的海岸边捕鱼。

那时谁也无法预料那种机器最终会带给我们什么。暂时知道太平盛世已经降临，可以收获自己勤劳与先见之明的怡人果实，这就够了。但由于没有大量销售就不会有利润，因此必须不断增加以现金购物的顾客。

战争已经结束，大海比以前更安全了。海盗差不多已经消失。可耻的人口贸易曾让人类蒙羞几个世纪，但很快被英王陛下那些总是小心提防的海军消灭了。人们可以跟世界各地贸易往来，却不会受到丝毫干扰。如果有人收取一笔不可靠的债务时受到伤害或遇到困难，就会有个议会郑重其事地询问：国王陛下最忠实的仆人之一最近遭到羞辱，被广东一个堕落的鸦片贩子或居住在亚马孙河与安第斯山之间一个拒付欠款的政府欺骗，失去自己应得的报酬，政府应该为此做些什么？通常政府会非常严肃地看待这个问题，如果书面警告无济于事，就会调遣一支军队占领几个中国城市，直到对方付钱，或者偷偷给南美洲债务人的政敌几个沙弗林金币，除掉那些顽固的赖账者。

是的，生活在那个时代是一件快乐的事情，当然，条件是你必须出生在一个富有的家庭，父亲拥有几台被称为机器的现代工具，放在如今被称为工厂的作坊里。你只需雇用几百或几千名工人（他们没有出生在你那样有利的家庭环境中），让他们在你的工具店工作。产品制成之后，你会小心翼翼地将它们装在大木箱里，写好地址，其余的事情就交给那些搞运输的人，他们会通过最短、最便宜的路线，把货物运到世界各地。

因为我们现在进入了国际贸易和国际竞争的时代，跟中世纪盛行的肩挑背扛式贸易体系截然不同，三个世纪之前，载重100吨的船可用来发现和掠夺几个新大陆，现在却再也派不上用场。新时代需要新型船只，它甚至必须比20年前的船快得多，而且还需要更大的承载能力。

既然人们有钱购买这样的船，既然这种船一建造出来就证明购买者的投入非常有利可图，船舶设计师就开始努力工作，不久便设计出有史以来最壮观的船只——快速帆船。

快速帆船当然不是一夜之间突然产生的。自从雅典人的时代以来，除了头痛，再没有任何事物产生于一位天神的头痛[1]。快速帆船有自己的演变史，好几个国家都为它最终发展成形作出了贡献。而其中对其发展促进最大的当属这样一个事实：帆船不再需要自己携带枪炮。旧式的贸易公司全都在严格的垄断基础上运转。正是这种垄断特权的本质迫使他们保卫自己的领地免遭对手侵犯，因此必须维持自己的小型海军。

但荷兰东印度公司因法国大革命而消失得无影无踪，荷兰王国建立后，它就被政府接管了。英国东印度公司不再独家垄断东印度贸易。1842年之后，中国根据《南京条约》开放了五个通商口岸，任何愿意向港口官员行贿的人都可前去经商。整个北冰洋也允许所有渴望新鲜鲸油的人前去捕鲸了。非洲不再像以前那样充当取之不尽的人力驮畜储藏库。1792年，丹麦成为第一个在殖民地废除奴隶制的国家。拿破仑在1815年重返法国王位的百日王朝时期废除了法国殖民地上的奴隶制。1815年的维也纳会议至少在原则上承认奴隶制必须废除。在

①指希腊神话中宙斯因头痛而劈开脑袋，生出雅典娜。——译注

孤独的不定期航行蒸汽货船

1812年战争结束后签订的《根特合约》中，英国和美国双方同意结束此后非洲的所有贩奴探险队，并允许这两个国家的军舰搜查所有可能走私人口的船只，不管它们挂着哪个国家的国旗。大不列颠早在1807年就采取步骤废除奴隶贸易了。1811年之后，参与贩卖人口的商人，一经发现，都会被当作重罪犯人，面临终身放逐澳大利亚的危险。随便说一句，这也是奴隶贩子们担心被英国海军抓住而将贩卖的人口扔进海里淹死的原因。因此，诚实商人如果打算与非洲开展贸易，就不再有遭受荷兰、葡萄牙或英国奴隶贩子舰队攻击的风险，那些贩子无法容忍外人干涉其合法利益。

人们能够在任何地方以任何最适合自己的喜好与利润的方式买卖货物了，这在世界历史上还是第一次。旧的限制性规定（直到第一次世界大战后才重新恢复）坚持要求货物必须由其出产或制造国的船只运输，这种规定仍然有效，但受到所有相关各方完全、一致的忽视，它们现在已变成纯粹的废话,不再构成障碍。

在这样的环境下,最优秀的水手得以胜出也就再自然不过了。那时候,美国新英格兰海岸的水手是最优秀的。这里的美国年轻人必须在大西洋沿岸一个狭长地带生存,又不可能继续向内地深入,因此早在18世纪中期就被迫到海上谋生了。美国经历了8年反对母国的武装起义,又经历了20年的欧洲动荡时期——其间只有中立国才能将货物从世界上的一个地方运到另一个地方——随后他们又与以前的母国发生了第二次战争,所有这一切都促使美国产生了一群自立又能干的水手,他们能够在赤道无风带阴沉的潮湿气候中生存下来,也能在合恩角的冰冷刺骨的强风中生存下来。

这些年轻人在个人自由的传统中长大成人,浸泡在杰斐逊和革命时代其他不敬神的宣传家们倡导的个人独立哲学中,毫不尊重西班牙、英国和葡萄牙法律,就像纽约拥挤的人群无视“禁止踩踏草坪”的标志一样。他们驾着船,大胆深入西印度或南美洲港口,冲着当局极其愚蠢的规定不屑一顾地打响指,不仅能够获得丰厚的利润,而且还帮助传播了那种崭新的美国福音:人人都是平等的,除非别人偶然比你好点,如果是这样,那你就在属于他的游戏中击败他,结果会怎样?但是,为了成功地宣传那种福音,美国年轻人需要比其他所有国家的军舰速度都要快的船只。如果风能够载着你轻松且不流血地迅速远离危险,那就没必要在船上装着整整一个军火库和大口径加农炮了。

顺便提一句,这种受外国军舰威胁的危险已经不再像30年前那么严重了。拿破仑不仅毁掉了法国,而且,就像这种大规模战争中经常

拿破仑皇帝

发生的那样，征服者差不多也跟被征服者一样凋敝破败了。简言之，人人都破产了，要得到建造新军舰的拨款几乎不可能。而英国现在已成为无可争议的海上霸主，对谁都不怕，它也就不需要载重1500吨和2000吨的无畏舰了，它们曾让英国在特拉法尔加角战役中大获全胜。这些老式一线战舰要么被卖给拆船者——他们利用其伤痕累累的外壳和船体建造新的商船——要么躺在港口里腐烂，如果我们怀着感伤对那些独特的老式三层甲板帆船产生兴趣，就会在港口找到它们。

　　所有新建的军舰都属于轻帆船，比以前的一线战舰小得多，但又比普通双桅船大。这些轻帆船不再带着三排大炮，上甲板上布置一排大炮就足以应付当时的各种需要了。它们最初是给更重的三层或四层甲板军舰当侦察舰的。现在那些拥有三层或四层甲板的军舰已经变成了木料，轻帆船就留下来取代它们的地位，成为常规军舰。

轻型护卫舰是小型的轻帆船，它也有类似的发展过程，直到最近才盛行起来，成为独立战舰，而以前却地位卑微，只承担运送公文和侦查的任务。

轻帆船和轻型护卫舰都比旧的军舰行驶速度快。但跟纯粹的商船比，沉重的大炮则会成为它们的巨大障碍，如果其他方面的条件相当，它们的速度绝对不如快速帆船，因为后者为了速度而牺牲了其他一切。

最初快速帆船（我从小就知道其英文词"clipper"，因为"klepper"是一种快马）似乎只是某种引航船的名称，它们经常在切萨皮克湾出口附近逡巡，寻找顾客。它们速度非常快，又有很好的适航性，因此附近其余地区开始仿建这种船，用于沿岸贸易，在铁路出现前，沿岸贸易比现在重要得多。在1812年的美英战争中，人们发现它们可以成为很不错的私掠船，不仅速度快于其他所有对手，而且在追击战中是非常危险的敌人，因为它们的操纵速度也比普通军舰快得多。

战争结束后，快速帆船作为运输昂贵商品的货船终于盛行起来。因为，尽管它们由于不携带大炮而节省相当大的空间，但它们完全是为速度而建造的，所以没有老式的桶状商船吨位大，对后者而言，速度不是很重要。缺少空间是快速帆船的一大劣势。作为大体积货物和批发商品的运输者，它们没有多大的价值。但作为客船或运输易腐商品如茶叶和其他殖民地产品的货船，由于货物价值高，相对较小的货舱空间并不妨碍快速帆船比普通帆船获得更高的利润。

快速帆船上的生活极度紧张。它的船长真的是擅长航海的船只操纵者，不得不在飞速航行中时时刻刻留意自己的船。他每次睡眠的时间很少有超过3小时的，而且把脱掉靴子睡觉视为少有的奢侈。从年龄上说，跟上一代船长相比，他只能算毛头小子。因为只有年轻人才能承受那样的工作节奏。水手也同样如此。与前一个世纪的水手相比，他们的工资很高。但工作特别辛苦，因为"装好货物由船跑"的旧观念在快速帆船上完全无立足之地。每一阵风都被利用到极致。洋流和海浪也必须用来增加一点点速度。水手们总是蹦来跳去，操纵复杂又脆弱的帆索，它们可经不起从前的醉鬼或罪犯水手那样粗暴的使用。

但快速帆船上演了另一个奇迹。它使得驾驶帆船成为正规职业，差不多让航海生活变得体面起来。快速帆船当然让海上生活拥有了空前绝后的迷人魅力。

在我们这个时代，有一件事情是非常肯定的：不管你是单干还是在一个群体中工作，除非你做的事情非常有趣，否则你将一事无成。除非你将全身心投入一项工作，否则它就必定只是工作，只是谋生手段而已。当我们研究这些老式快速帆船的航海记录时，我们立刻会说："除非船上的每个成员，从船长到厨子，从司务长到船上的猫，都心甘情愿地抵押自己的灵魂与救赎来保持如此可怕的速度，否则这就决不可能实现。"

英国，确立海上优势的霸主国家。

1855年，一艘快速帆船"闪电"号以平均18.5节的速度越过大西洋。"海上帝王"号或许是所有快速帆船中最著名的，它在24小时里差不多航行了424英里。英国在开始建造自己的快速帆船后，就竭尽全力打破这些纪录。大不列颠和澳大利亚签订的邮轮合同坚决要求两地之间的航行时间为65天。第一艘争取这份合同的船在63天内完成航行，船上载着700名乘客、1 400吨货物和350个邮包。

舒适当然是相对的概念。对我们而言，40年前的奢侈在今天甚至还不如三等游览舱。这些快速帆船虽然跟飞快的现代汽船毫无共同之处，却带给乘客此前其他船只所没有的速度感和安全感。当然，当"詹姆斯贝恩斯"号和"唐纳德麦凯"号的船长驾驶着载重两千多吨的船，以22节的速度（甚至跟"庄严"号也形成了激烈的竞争）乘风破浪时，船上肯定会涌入大量海水，任何没有牢牢固定在地板或船舱壁上的物品都肯定会在船员们四周飞来飞去。但快速帆船上的所有不太吸引人的生活侧面，如不舒适、严格的纪律和略显单调的食物（直到19世纪中期引入冷藏设备，船上的食物才在物质上有了改善），都没有展示在整个公众面前。岸上的人们只看到威风凛凛的船只张满帆进出他们的港口，兴高采烈地听人讲述这些船有着怎样的速度——在他们的父辈那个时代绝对令人难以置信。

难怪快速帆船很快成为各种浪漫故事的主题。在19世纪50和60年代成长起来的那代人熟悉那些船的船长名字，就像今天我们自己的孩子熟悉电影明星的名字。（我得说，以后者取代前者可真是糟糕！）它们的照片印在所有最时髦的杂志上，如果你搭乘过这些著名帆船中的一艘，那你在自己社区里可就是大人物了。因为这些人的职业在公众中引起极大兴趣，他们各自的航行纪录也是大洋两岸的人们比较和谈论的话题，每次横滨与波士顿或墨尔本与利物浦之间的航行时间减少一小时，大众都会欣喜若狂。当"飞云"号和"红外套"号（是桑迪胡克与利物浦之间的航海纪录保持者，航行时间为13天零1小时）穿越大西洋时，人们纷纷在它们身上下赌注，有人输了很多钱，也有人赢了很多钱。如果两艘快速帆船恰好在同一条航线上航行，并且开始互相竞争，那么整个纽约或利物浦的人都会出来观看这次壮观的比赛的结局。

如今，它们全都消失了——这些古老的船只及其主人。不过这也不要紧。因为这些快速帆船的船长虽然每次上岸时都显得风度翩翻，但对待自己的下属就跟他们的前辈一样差劲。在鲍威利为水手们举行祈祷会是一回事，以装病的罪名将一个脚上得了坏疽的水手打死则是另一回事。保存下来的法庭文件讲述了这个故事，那不过是数百个相似故事中的一个。如果你喜欢在自己俱乐部的吸烟室欣赏墙上那些壮观的快速帆船的画，那就好好欣赏吧。不过，在对待高级船员和水手方面，它们简直是漂浮的地狱。它们消失了，但却留下了该死的可怕回忆！

07 汽船取得一定发展

　　在1820年至1850年的30年间，有个恶作剧让快速帆船的船长们百玩不厌。他们特别喜欢向任何带蒸汽的船展示自己船只的尾部，在那段快乐的日子，这种找乐子的方法并不罕见。因为19世纪上半叶的汽船跟20年前的飞机不无相似之处。你能够非常准确地预告它们离开港口的时间，但你永远不知道它们何时、怎样或是否能够返回。

　　过去，牧师们若疾言厉色地谴责那些让船在静风或顶风条件下行驶的人试图违背上帝和大自然的法则，就一定能赢得会众衷心的支持。但那样的日子已经一去不返。现在，人人都知道那种奇迹其实能够出现。不过能够做到并不能成为它们应该那么做的理由。船帆一直能够很好地满足所有合理的人类需要。因此，既然不会咆哮和喷出浓烟的快速帆船比普通汽船快，为什么要尝试那种让整个港口弥漫着浓烟、煤灰和各种噪声的东西呢？

　　如果第一艘蒸汽驱动的军舰"德谟洛戈斯"号（后来更名为"富尔顿"号）能参加1812年战争并获得成功，海军当局至少应该对这个问题产生一点兴趣。但不幸的是，"富尔顿的蠢物"（"克莱门特"号一直被称为"富尔顿的蠢物"，并且以这样的绰号出现在当时的所有报纸上）

的这个小妹妹建成时间晚了几个月，而富尔顿自己也恰好在那次战争结束前去世了。

于是，美国军舰"富尔顿"号被带到布鲁克林的海军造船厂。那里没有知道如何正确操纵其发动机的熟练机械师。它的船长和船员都不愿意驾驶这样一艘怪模怪样的船。由于缺乏更好的雇员，"富尔顿号"从此便被用作未来水手的接待船和训练船。如果不是因为一次不幸的事故，它或许仍然会留在布鲁克林的停泊处。它载着几桶弹药，是发射起床炮和降旗炮所必需的。1829年6月，这些弹药桶爆炸了，杀死了指挥官和另外24人。流行的传闻说这是一次报复行动。一个炮手的助手受到鞭打，便在那天早上以这种方式结束了他自己和其

"巨蜥号"

他所有人的悲惨生活。"富尔顿"号的损坏不是很严重，但这个故事说明，在优雅的1829年，虐待水手的事情在美国海军中仍很普遍。

然而，这并未阻碍海军当局纪念富尔顿。1837年，美国海军的第二艘"富尔顿"号军舰举行了风风光光的下水仪式。它由一位名叫马修·卡尔布雷斯·佩里（Matthew Calbraith Perry）的海军上尉指挥，正是这位佩里，后来因打开日本国门而声名远扬。如果他铆足干劲，就能让这艘小船的速度达到15节。当然，这两艘"富尔顿"号都是明轮。第一艘用螺旋桨推动的军舰"普林斯顿"号到1841年才建成，是根据某位约翰·埃里克森（John Ericsson）提交的计划建造的，他是一位脾气暴躁的瑞典天才，如果没有他的"巨蜥"号，北军很可能赢不了美国内战。

"普林斯顿"号出于两个方面的原因而闻名。它是第一艘成功运用螺旋桨取代明轮、烧无烟煤取代木柴的军舰。它也是第一艘杀死一名海军部长的军舰。在前往波托马克的试航中，官员决定用它上面最大的一门炮开炮以供客人娱乐。大炮发生爆炸，被炸死的人包括国务卿阿贝尔·P.厄普舍（Abel P.Upshur）和海军部部长托马斯·W.吉尔默（Thomas W.Gilmer）以及很多国会议员。

当美国进行这些试验时，所有欧洲列强也都在或多或少不太认真地考虑将蒸汽用于海军。但直到19世纪中期，几乎所有职业水手都厌恶这些新型船只，而这种厌恶感在海军军官中也特别强烈。甚至当他们的船装上发动机和明轮之后，他们也更愿意使用船帆，倒不是因为这样看起来更好，或者能保持军服的清洁，而主要是因为，当时海军所属的那个阶级认为一切有关机械的东西都低于他们的等级，让他们

大炮发生爆炸，被炸死的人包括国务卿阿贝尔·P·厄普舍和海军部部长托马斯·W·吉尔默以及很多国会议员。

感觉有失身份。

在商业舰队，这种情绪也颇有些盛行。但民间机构的管理者比单纯的舰队司令权力更大，当他们意识到蒸汽意味着速度，因此也意味着利润时，他们的命令便准确而坚决，那些船长要么使用蒸汽机，要么失去工作。

发展快速帆船是荣耀而受人欢迎的丰功伟绩，而汽船的初期发展则毫无荣耀可言，难怪我们几乎不知道谁是第一艘依靠蒸汽跨越大洋的船只。直到最近，这项荣誉通常都归于"萨凡纳"号，这是一艘装有船帆的定期邮船，配备了一台备用的发动机。1818年5月，它从美

灯标船

137

国佐治亚州萨凡纳扬帆起航，花了很长的时间越过大西洋，一路上差不多都使用船帆，整个航程只有大约80个小时使用了发动机。尽管如此，当"萨凡纳"号到达爱尔兰时，它的全部煤炭都用完了，说明要让这些早期的发动机一直运转有多么困难。之后，"萨凡纳"号访问了波罗的海和俄国，被当作新奇事物到处展示。它的主人声称它是第一艘跨越大洋的汽船，这种说法算不上正确，因为蒸汽在它的航程中只起了非常小的作用。

第一艘全程使用发动机越过大洋的名副其实的汽船是一条载重438吨的木制小型明轮船。它是在多佛造的，用于跨海峡业务。1826年，这条船被卖给荷兰政府，荷兰把它重新命名为"库拉索"号，然后派遣它载着乘客和邮件，从鹿特丹开往南美洲的苏里南。"库拉索"号仅航行了一个月就安全到达了帕拉马里博，并且靠自己的蒸汽机返回了荷兰。1830年，在荷兰与比利时的战争中，这艘船被编入荷兰海军。此后它的经历我就不知道了，不过，现在似乎相当普遍地认为，第一艘依靠蒸汽跨越新、旧大陆之间那片大海的船只是"库拉索"号而非"萨凡纳"号。

直到6年之后的1833年，才有了第二艘跨越大洋的蒸汽船。这就是在魁北克建造的"皇家威廉"号，用于魁北克与哈利法克斯的贸易。但由于这艘船在经济上一败涂地，因此船主决定把它送到欧洲，在那里摆脱它的机会稍微多点。整个旅程花了"皇家威廉"号25天，用掉了330吨煤炭。它最初的所有者中有一位塞缪尔·丘纳德。跨大西洋的交通工具随后的发展与他的名字紧密联系在一起。因为，当那个时代的其他船主或造船者很少相信蒸汽时，这位年轻的新斯科舍人却对蒸汽坚信不疑。

几家投机公司非常轻率地派出几艘小型汽船跨越大西洋，这就是"天狼星"号于1838年抵达纽约的原因。这艘载重703吨的船装满乘客和货物，严重超载，它居然没在外海完蛋，这简直就是奇迹。它刚抵达港口不久就有一个对手到达了。但这次是一艘不同种类的船，"大西部"号是纵帆船，属于大西部铁路公司的分支大西部汽船公司（在英国，铁路公司总是与汽船公司密切合作）。它不仅比"天狼星"号大，而且装的发动机也好得多，它一开始就创下了连最快的快速帆船也难以企及的纪录。它花了13天零3小时完成了西行跨越大西洋的航程，而向东跨越大西洋的航程则只用了12天零10小时。

如果我们还记得，为它画图纸的不是别人，恰恰是伊萨姆巴德·金德姆·布鲁内尔（Isambard Kingdom Brunel），那么所有这一切也就不足为奇了。几年后，这个人将带给我们"大东部"号，他是他那个时代最富有想象力、最聪明的船舶设计师之一。由于"大西部"号的超凡速度，在少数愿意将自己和财产托付给汽船的跨大西洋乘客中，它很快就成为最受喜爱的船只。这些乘客中有一位就是塞缪尔·丘纳德，"皇家威廉"号的船主之一。1839年，他来到纽约为他新建的英美定期蒸汽邮轮公司开设波士顿分公司，那时丘纳德知道，单凭乘客和货物挣的钱永远不够解决他的麻烦。于是他请求议会定期给他一份年度津贴，让他运送抵离美国的邮件。

在获得这份津贴后，他在克莱德定做了4条小型木船。"不列颠尼亚"号是这些木制明轮船中的第一艘，它于1840年7月4日离开利物

油船

浦，14天或15天后到达波士顿。"不列颠尼亚"号有3艘姐妹舰——"阿卡迪亚"号、"哥伦比亚"号和"喀里多尼亚"号。它们长207英尺，宽34英尺，可产生740马力的功率。它们会吞掉大量煤炭，定期帆船邮轮用来满足乘客舒适要求的空间，在汽船上不得不用来装燃料。不过，尽管丘纳德的早期汽船存在巨大的缺陷，它们却给航海带来一种全新的东西。它们非常准时，按照预定的时间表运转。一条快速帆船在风向十分有利的条件下或许能击败它们，但那只能靠运气。如果条件不利，同样的快速帆船会晚一两个星期，而现代商业环境不仅要求速度快，最重要的是要准确。塞缪尔·丘纳德把这个特点带给了颇有商业头脑的世界，这个世界有许多缺点，但它一直乐意最慷慨地花钱购买自己真正需要的东西。

与此同时，汽船也在世界其他地区碰运气。定期汽船逐渐取代了过去来往于多佛、加莱、鹿特丹和伦敦之间的那些不定时的帆船，以及将哥本哈根、瑞典南部港口跟欧洲大陆联系起来的帆船。

在第一艘跨大西洋汽船到达纽约之前十几年，一条小型英国汽船就从英格兰经好望角一路开往印度。这就是著名的"进取"号，载重479吨，它用113天完成了法尔茅斯与加尔各答之间的航程。

这次航行本身并不是很重要。"进取"号的所有者在这条船上亏了本。但这次航行将所有人的注意力吸引到更好更快地连接宗主国与殖民地的问题上来。人们尝试了各种计划，但事实证明其中具有可行性的很少。半岛暨东方公司打算把船开到埃及，然后经陆路将船上的货物与邮件运往红海，再由来自孟买和马德拉斯的船只把它们运走。这条路线或许是最切合实际的，但同样也是最迂回的，而且费用很高，很不安全。

与此同时，一切都保持着过去的原状，人们仍然乘坐帆船经好望角从英国前往印度。到后来，大家似乎都无法判断帆船和汽船这两种交通工具哪个更好了。几家新建的汽船公司在经济上惨败，给热心于帆船的人注入新的勇气，也让喜欢汽船的人心里充满沮丧与失望。

钢铁终于有了出头之日，并逐渐取代木材，被用于建造汽船。但大多数人仍然对这种本身会沉入水中的物质怀着强烈的偏见。1853

一艘迷彩船

年，半岛暨东方轮船公司订购了一艘载重3 500吨的汽船，完全用钢铁制造，这就是著名的"喜马拉雅"号。当时，这件事似乎是对上天的直接挑衅。但这艘船立刻大获成功，英国政府将它买下来，在与俄国的战争中利用它把军队运送到克里米亚。

当时正是大群饥饿的欧洲人开始发现美洲的时候。通过运输移民可获得巨大的利润。移民非常穷，也非常无知。你可以一次把数千移民扔进货舱里，让他们为此支付大笔船费。他们中大多数人都非常渴望离开老家，几乎没有意识到自己遇到了怎样彻底的诈骗。也正是在这个时期，其他大型跨大西洋轮船公司——如法国的跨大西洋海运公司、德国的北德-劳埃德公司和汉堡-美洲公司，以及几十家小型公司建立了起来。尽管船上为移民提供的条件跟过去专门运输这种人类货物的定期帆船一样恶劣，但它们的速度却是强于对手的一大优势。当几千个晕船的可怜人被一起关在通风条件很差的货舱里时，他们将被迫在船上待两个星期还是四五个星期，就非常重要了。

正当争夺"人类货物"的竞争进行得如火如荼之时，货运业非常震惊地得知：有一种全新的船只出现了，其载重可达19 000吨，比此前建造的最大的船大5倍。

这艘船将有大约700英尺长，82.5英尺宽，装有明轮和螺旋桨。明轮用几台功率达3 411马力的发动机驱动，而驱动螺旋桨的发动机功率则达到4 886马力。此外，计划这艘船将安装6根桅杆，预计上面挂的船帆至少有6 500平方码。由于这些东西将给船体施加巨大的压力，这条船将拥有双层船底以及当时已知的所有最新安全设施。

这个庞然大物（在差不多半个世纪的时间里，"大东部"号都是世界上最大的船）是一个姓布鲁内尔的英国年轻人的杰作。他的父亲也是船舶设计师，起先是法国海军军官，但在法国大革命爆发后离开了皇家海军，然后移民到纽约。他在那里为纽约州修建了一座军火库，并监督兴建了鲍威利区的第一座剧院。之后他去了英格兰，在那里获得爵位，成为马克·伊桑巴德·布鲁内尔爵士（Sir Marc Isambard Brunel），直到今天，他都作为最早倡导利用机器进行批量生产的先驱之一而被世人铭记。

建造"大西部"号的年轻人伊桑巴德·金德姆·布鲁内尔正是这位能干的人的儿子。现在他也负责"利维坦"号的建造，它后来更名为"大东部"号。把这艘船的失败归因于布鲁内尔是不公平的。导致失败的因素有好几个，公众不愿意相信这样一艘19 000吨的庞然大物居然能够建成也跟这种失败有关系。

当这个庞然大物下水的日子到来时，泰晤士河两岸自然挤满了数千名好奇的围观者。由于泰晤士河的河道不是很宽，布鲁内尔决定让"利维坦"号侧着下水。这艘船刚开始移动，布鲁内尔就担心它激起的浪花会淹死大量围观者。于是他制止了下水过程，他的工作人员又

"大东部"号导致一个又一个公司破产，后来被卖给那家于1866年在美洲和欧洲之间铺设第一根海底电缆的公司。之后它又落入若干开发者手中，他们试图将它改建成水上陈列品、水上马戏团或水上煤炭仓库。

用了三个多月才让它再次移动。

布鲁内尔的公司为这艘船花的钱已经超过预算。这三个月被迫的闲置成为致命的最后一击。这家公司破产了。一家新公司建立起来，将这艘船的名字由"利维坦"号改为"大东部"号。"大东部"号离开泰晤士河几天后，布鲁内尔就去世了。他临死之前，刚好听说这艘船在试航中锅炉爆炸，导致很多水手死亡。不过，幸运的是，他再也不会知道"大东部"号此后遭遇的厄运了。

首先，"大东部"号是特别为欧洲与东方的贸易而建造的，却被用于北大西洋的服务，这种做法就像把为大西洋航海建造的船只用于热带一样愚蠢。其次，"大东部"号很难操纵，有一次，它在爱尔兰海岸附近撞上了礁石，然后就在那儿停了11个月，不过，布鲁内尔把它造得非常结实，这次不幸的事故实际上并未对它造成损坏。最后，当时根本没有足够的货物填满它的货舱，也没有足够的乘客让这样一艘大船保持收支平衡。在19世纪50和60年代，从欧洲前往美洲的旅行对乘客及其近亲都非常重要。人们刚刚适应那些比较小的汽船，它们远比这头海中巨无霸更适合乘客。因为"大东部"号在横跨大西洋的12次航行中总是遇到麻烦，有时是失去桅杆，有时又撞坏了一个明轮。而且据说它远不如那些体积只有它十分之一的船舒服。

"大东部"号导致一个又一个公司破产，后来被卖给那家于1866年在美洲和欧洲之间铺设第一根海底电缆的公司。之后它又落入若干开发者手中，他们试图将它改建成水上陈列品、水上马戏团或水上煤炭仓库。1886年，它最后一次被出售，被送到了废物堆里。购买它的拆船业老板几乎没从这桩买卖中赚到什么钱。

如果说有一艘大而无当的船让所有跟它有关的人都倒了霉，那就是这艘不幸的"大东部"号了。但布鲁内尔是对的。当他建造这艘比此前最大的船只"大不列颠"号大5倍以上的船时，他对它的未来比任何同时代人都看得清楚。现在有几十艘"大东部"号那样的大船安全而舒适地航行于欧洲和美洲之间。当然，作为投资，它们中没有一艘赚钱。但建造它们的目的本来就不是为了赚钱。如果你想要一艘能够赚钱的船，最好把它造得比较小。如果你想要一艘让全世界都议论纷纷的船，那就必须弄出载重4万吨、5万吨、6万吨甚至7.2万吨的大船。小船的收入会弥补那些大名鼎鼎又受人欢迎的海上长途快船造成的赤字。

这里还有另一个令人迷惑的问题：是什么因素最终导致汽船将帆船挤出大海？无疑，汽船的绝对独立性和准确性是最宝贵的优点。但是，如果一艘船从欧洲前往亚洲，这些特点根本就无关紧要。在跟中国、日本以及荷属、英属东印度殖民地展开贸易时，帆船在汽船引入那条航线之后很久都坚守住了阵地。

但接着，在1854年，法国人费迪南·德·雷赛布（Ferdinand de Lesseps）获得了在地中海和红海之间开凿运河的特许权。这条运河于1869年开放运输，将从伦敦到印度的航行时间缩短了几个月。帆船无法使用这条更短的航线，一下子被汽船击败了。它们不是被汽船消灭掉的，而是被苏伊士运河消灭掉的。

　　还有一点，我在前面的几章说老式帆船上的生活不适合按照上帝形象创造的人类（根据非常可靠的信息）。在汽船上，高级船员和水手的状况有改善吗？

　　既有又没有。经过那么多年之后，确实有所改善。但一开始——当然也就是在1903年引入带有内燃机的柴油机轮船之前——汽船上的生活就跟以前在老式船只上的一样艰苦，唯一的差别是如今人们不再暴露在后桅顶和主顶桅帆帆桁上的寒冷狂风中了。但他们又必须忍受新的折磨，为了给那些狼吞虎咽的老式发动机填喂足够的煤炭以保持一定的压力，他们被迫在极度恶劣的环境下工作，那个情景会让敏感的乘客想起冥界的场面，但丁在他那部有关地狱的著名作品中对此有非常生动的描绘。

　　成天泡在海水里的旧式水手能够像打扮自己的情人一样装饰快速帆船，但他却逐渐从地球上消失了。除了少数芬兰、瑞典和德国的大帆船，再没有帆船留下来。小型帆船仍然用于捕鱼和沿岸贸易，但也仅限于此。旧式的水手精通自己的手艺，从里到外，从上到下，不管天气好坏，都非常了解，但他们逐渐演变为一种次要的技工，他会在驾驶室值班，擦洗甲板，给烟囱上油漆，每天在桅楼上待几个小时，留心查看周围是否有冰或其他船只，但如果让他解释前最上桅翼帆和后上桅翼帆的差别，就会一脸茫然。他的双手不再被潮湿、结冰的绳子割破而变得粗糙。在这些特定方面，他绝对比前辈们的状况好。但在其他大多数方面，就像那些被强征队用武力从家里抓走或因皇家法令而来到大划艇上的可怜人一样，在社会和经济层面都是被抛弃的人。水手不再生活于老式大帆船那肮脏、逼仄的船首楼里，而是生活在用蒸汽驱动的船只那肮脏、逼仄的船首楼里。他不再被迫在人员不足的三桅帆船上吃厨房里的残羹冷炙。现在他吃的是油轮或不定期货船厨房里的残羹冷炙。

如果他能幸运地在一艘豪华客轮上获得一个床位，他就会获得更好的食物，有时甚至还有机会洗澡。但豪华客轮很罕见。这个世界上的大多数货物仍然由吨位小的船只运输，这些半货船上的生活就跟一百年、一千年或三千年前一样艰苦得毫无必要，一样难受得残酷。

但其中也存在某些差别，我们应该逐一列举出来。航行时间不再像以前那么长。薪水虽然仍旧少得可怜，却不那么经常拖欠了。直到50年前，为了给船只提供足够的船员，诱骗绑架以及其他无数诡计花招儿都被接受，现在却被法律禁止。在被上帝遗弃的某个太平洋港口，这种事情或许仍不时发生，但现在领事和法庭都以从前闻所未闻的力度保护水手。

汽船至少有个锅炉房，偶尔可在里面烘干衣物，最棒的是，不管什么天气，厨房里都能准备热菜热饭了。现代水手不再被迫一连几个星期都吃不上一点点热餐。热咖啡也可随时饮用，大浅滩的法国渔夫很可能是唯一堕落到把海鸥当作特殊美味来食用的水手了。

最后，船上的平均安全度也比以前提高了。那些可怕的体罚，直到大约70年前对水手来说都是家常便饭，现在已经被现代立法者严格禁止。如今是否仍有体罚发生？无疑还有，但只是偶尔发生，可能是某个受到刺激的水手一时冲动殴打同伴。作为维持纪律的正规方式，体罚已经跟拷问台和足枷一样消失了。

因此，总的来说，机器战胜自然力量无疑对水手有利。但船上的生活仍然无法令人满意，只能吸引那些要么无法在陆地上谋生，要么相信童年时代幻想故事的人，那种故事大多数都是由罗曼蒂克的女士和绅士们编造的，每当船在波浪滔天的大海上翻滚时，他们却躺在床上让人把饭送来。

另一方面，与一百年前相比，军舰上的生活得到了百分之百的改善。但政府只对尽可能高效率地管理海军感兴趣。它没有义务让海军付钱——除了把国家安全当作红利。而对于私营商业公司，总是有人提醒它：它必须自始至终一直照顾其持股人的利益。一个船长若能在船员工资上节省几个英镑，一个厨子若能用劣质的面包、肉和动物油喂饱船员同时不至于让他们饿得公开造反，那么这种官员就会在司令部大受青睐。然而，如果一个指挥官坚持要求给自己的高级船员和普通船员体面的住处和食物（谢天谢地，这样的人有很多），当上级关起门来讨论不同雇员的相对优点时，他并不总是受欢迎的人。因为对他们而言，船主要是赚钱的工具，它们给予的实际服务只占次要地位。持股人才是最重要的。结果，由于水手本质上不属于工会，再加上他们在岸上的时间没有规律，因此在争取改善生活时遇到了很多障碍。

他和他的同伴遍布全球。他们说各种语言和方言。但他们从来没有机会联合起来采取某种行动。几千年来水手在肉体、经济和社会上受到的忽视仍栩栩如生地浮现在他们脑海中，削弱他们的努力。

命运总是与他们作对。

　　与一百年前相比，军舰上的生活得到了百分之百的改善。但政府只对尽可能高效率地管理海军感兴趣。它没有义务让海军付钱——除了把国家安全当作红利。

海上的生活一直如此。

两千年前他们能够忍受这种痛苦。

现在他们也能忍受。

但是，在过去30年中，几乎所有伟大的革命运动都最先在船上爆发，这或许不完全是巧合。

08 未来会怎样

1827年，出现了第一艘成功跨越大西洋的汽船。

不到一个世纪之后，第一架成功地从美洲飞往欧洲的飞机出现。

因此，虽然汽船曾经如此彻底地取代帆船，却只能有大约一个世纪的稳定增长和发展。瞧！如今它发现自己不得不面对一个最危险的对手，并且有可能被对方从大海上赶走。

我们出生的那个时代，是在威尔伯和奥维尔·怀特兄弟的第一次飞行试验之前很久，对我们而言，飞机取代船只听起来仍然有点荒谬。我们整个一生都看到周围的船，他们乘船到世界各地去，船已经成为我们生活的一部分。

但在过去的30年，已经发生过更奇怪的事情，在接下来的20年中，可能还会发生更更奇怪的事。

当我儿子出生时，还没人坐飞机飞过英吉利海峡。当我孙子出生时，已经有很多人飞过大西洋，这种事已不再成为报纸头版新闻了。

快速帆船经过麦哲伦海峡，将满怀期望的淘金者运往加利福尼亚，从中赚了很多钱。那样的旅行需要4个月。

英国试图通过强大的军舰封锁德国。德国试图通过潜艇封锁英国。这两种手段都不能完全令人满意。但如果1914年的飞机已像现在这样获得全面发展，那么无畏舰和潜艇都将无力对抗这种来自空中的新威胁。

而昨天，在纽约和洛杉矶之间开通了一个新航班，据今天早上的报纸报道，这趟旅行不到18个小时就可完成。

不，现在已不可能作任何确切的预言，但预言根本不会发生任何事情则更加危险和愚蠢。

在过去的20年中，出现不可能的事情成为我们正常的发展标准。

我的孙子将乘飞机去欧洲（如果此后20年欧洲还存在的话），也许我没法活着看到那一天，但我坚信那一天会到来。而这将意味着船作为客运交通工具和破坏工具的终结。

第一次世界大战证明，各个大国的海军发展已陷入僵局。英国试图通过强大的军舰封锁德国。德国试图通过潜艇封锁英国。这两种手段都不能完全令人满意。但如果1914年的飞机已像现在这样获得全面发展，那么无畏舰和潜艇都将无力对抗这种来自空中的新威胁。

现在，除了少数老舰队司令，已经无人相信常规军舰未来还有前途。飞机需要精力旺盛的年轻人，如果它们完全取代更老的军舰，那些舰队司令将失去工作。

他们（军舰和舰队司令）确实前程远大，但那种前程已经完全成为过去。他们注定要完蛋。世界真正的未来属于那样的国家：它们的飞行员拥有最坚韧的神经，它们的化学家发明出毒性最大的毒气。

至于不定期货船、普通货轮、豪华和超级豪华的客轮，恐怕也将遭遇它们今天的主人所不喜欢的变化。普通货轮与不定期货船很可能会幸存下来，仅用于运输体积大的货物。大型邮轮从前也被用于货运，其货舱已经空了好多年，它们将步"大东部"号的后尘。如果世界上还有人能够利用如此庞大的一堆废钢铁的话，那它们将被当作废品卖掉。而乘客将乘坐飞机旅行，我的孙子将听我讲述早在无线电出现之前就已开始的航海生活的故事，就像我年幼时听我祖父讲他乘坐雪橇和公共马车去瑞士度蜜月的难忘故事。

航海将在很大程度上走向终结。麦哲伦海峡差不多会变得跟南美洲西海岸有人定居之前一样荒凉。开普敦这样的城市之所以兴起并繁荣，主要因为它们是通往印度的漫长航线的中间站。它们也将再次成为亲切友善的地方中心城市，但它们的港口将逐渐变得跟古罗马的港口一样。

所有这一切听起来都很荒谬。确实，这听起来的确有点怪异。可是，难道我们没有看到圣彼得堡和君士坦丁堡在第一次世界大战后那些年遭遇了类似的命运？甚至伦敦和纽约也将发生剧变。因为跨大西洋的飞机能够在肯特郡和长岛上找到比泰晤士河沿岸或曼哈顿岛更好的着陆地点。

那将意味着，人类从事的最有趣的试验之一，也就是通过船只将整个世界变成一个庞大社区的试验，将走向终结。那个试验将以公平的方式完全被另一个试验取代，或者说被另一系列试验取代，不管它们在一般方法上多么不同，每个试验都有同样的目标。因为我们的所有努力都有一个最终目的，即消除时间与空间的阻隔以改善普通公民的生活。

船已完成自己的任务，它们曾经最慷慨地服务于这个目标。很快它们将变得不再适用。在大自然中，任何变得不适用的东西都注定会结束。它会被扔进垃圾堆。等那一刻到来时，我们将能够对那种精巧的装置做出最后的判断，人类曾用它来克服地球上的水域形成的障碍。

恐怕那里面将包含相当可怕的控诉，以及少数情有可原的情况。那个故事将讲述不可避免的痛苦，但也将讲述大量毫无必要的残酷。不过，另一方面，它也将记录下前所未有的勇气、大胆和坚韧，自打人类第一次俯瞰四周的环境并对自己说"有一天，我将成为自己的物质和精神世界的主人，而不是奴隶"以来，那样的勇气、大胆和坚韧就从未有人超越。

航海将在很大程度上走向终结。